禪心三無

釋明海 著

禪心一念契三無，法界圓融祖意符。
雙運智悲游濁海，登堂入室探靈珠。
獅弦常振音聲海，妙解頻開智慧花。
生活禪風無罣礙，協時契理入千家。

〈喜明海禪人新書問世〉

西山老衲

二〇一〇年五月十四日於四祖大室

自序

我最初在大學學佛是從念阿彌陀佛開始，由此生起信仰情操。而後親近我的恩師淨慧長老，受他影響接觸禪宗。先是讀《五燈會元》，蘊積了滿腹疑惑，尤其對剎那之間明心見性一事深感不解。後受師父點撥教導，始生信心。

出家後對禪修的理解逐漸豐滿全面。這才知道承擔責任是禪修，改過遷善是禪修，念念覺照是禪修，禪修非僅局限於靜坐，剎那間的頓悟是由平常日用中累積而來，不是可以刻意追求而得的。這應該就是師父提倡的「生活禪」對我的影響吧。

自二〇〇三年六月任柏林禪寺住持起，很多場合下又不得不向信眾講一些有關修行的話。我自己的體驗十分膚淺，只能結合生活講一些淺顯的體會。彙集起來即成這本《禪心三無》。二〇一〇年在北京三聯出版。不意也受到許多人的歡迎。尤其剛接觸佛法和修行的人。我想，接引大眾入佛法大海的工作是一個長線工作，在不同的階段有不同的人給予服務。我所講的是起頭那部份的。若要深入長遠的向前走，後面定有高明者的指引和幫助！

本書能在香港天地圖書出版，要感謝王冰、王鶯及新榮先生等幾位義工的幫忙。在此致以深深的謝意！

柏林禪寺　明海

二〇一七年六月

目錄

【輯三】禪・修

【輯四】禪・源

【輯一】

禪・心

陽春三月萬物新，堂前衲子看心雲。
此心無住任舒卷，浩浩長空自主人。

明海

禪心三無

禪心三無，是說我們按禪的精神，按祖師的教導，以一顆禪心去生活所應該具備的三種品質——無憂、無悔、無怨。當然，一個體悟了禪的境界的人，心態究竟是怎樣的，只有他自己知道。如果我們根據祖師的教導和佛法的精神去描述這顆心，有很多角度。有些機鋒、棒喝也是在展現這顆禪心。禪心三無，只是從某一個角度來說的。通過這個角度，我們雖然可能沒有明心見性、沒有完全悟得禪心，但是當下可以去操作，從而把握自己的心態。

無憂

「禪心三無」的第一個無是「無憂」。

佛教對於人道眾生的心態有一個描述，說人道眾生是憂喜參半。在憂這方面有時又叫憂悲苦惱。我們在日常生活裏經常會有憂愁，俗話講：「人無遠慮，必有近憂。」

西方的哲學家也從哲學方面探索人類心態裏的憂愁。憂愁這一部份情感具有普遍性，有的哲學家說，那是因為每個人只要來到這個世界上就會面對死亡——從出生的那一天開始，就同時面對了死亡；而死亡對於普通人來講是難以把握的，同時又是一個人與生俱來的，不用教他就知道。這個知，是每個人潛意識裏本有的。

從佛法來看，生活中的憂愁來源於我們的得與失——患得患失，也來源於我們對自己未來的命運感到不可把握。不知你們是否注意過，有一種學問無論在西方還是在東方，不管是有文化的人還是沒文化的人，都特別有興趣，就是關於命理的學問。西方有西方的方法，通過血型、星座等預測命運；東方有東方的方法，命理學在我們中國就很豐富，有占卜、四柱、奇門遁甲等種種預測方法。這類學問的發達說明人有一種想把握自己的未來和命運的渴望；當然，另一方面也反映出人類整體上有一個潛在的憂患意識，希望通過種種預測命運、把握未來的方法來化解、沖淡內心對不可知的未來的擔憂。

一顆禪心是徹底地放下了憂愁的。雲門文偃禪師說：「日日是好日。」這是禪者無憂的生活態度。日常生活中，我們要擺脫憂愁，從哪裏做起呢？我覺得首先要放下對未來的牽掛，對未來的種種猜測、擔心，對某件事情得失的計較。一切未來的結果都是從現在、從我們當下的言行延伸出去的，生活環境的很多因素，是我們沒有辦法把握的；我們能把握的只是自己的行為、語言和思想，所以我們只能從可以把握的地方下手，從眼前下手，這樣才能真正把對未來的擔憂變成現實的力量，變成可以感知、把握和確定的力量。

在禪師語錄裏，不太容易看到關於死後要生到甚麼世界、生到哪一個佛國的開示，原因是他已經全力以赴，能夠完全把握得了當下，生命的一切活動他已經做主了。把握了當下，未來如何就不是問題。要問未來怎麼樣，就問他現在每時每刻正在變成現實的心念、語言和行為怎麼樣。我們的未來不會因為一個不可知的神靈的操縱發生奇蹟。如果有奇蹟，奇蹟就在當下。如果我們把握了當下的一切，未來也不會出現完全不可預料的事情。

我們在生活中的每時每刻，包括在打坐的時候，都可以觀照一下：我們的心裏面是不是隱隱約約有些不安？像那些要考大學的學生，在考試前甚至之前半年，內心就已經開始有壓力，倒不一定是腦子裏每天都在想這件事，其實潛意識裏已經有很多負擔出現了，這些都是來源於對未來的牽掛。我們要時常覺察自己內心的這種負擔，覺察它，然後放下它。

怎麼放下呢？放不下主要還是在得失利害方面放不下。我們總是希望未來會出現合乎自己意願的結果，希望未來按照我們的設計和理想來到。把這些都放下！如果你希望未來按照自己的意願來到的話，那麼你應該從當前的準備工作開始，去創造未來。不要只是擔憂與等待，這對於你所期待的未來根本沒有甚麼幫助，反而是障礙——你越在意，你所期待的可能越不會來。你要做的只是現在不斷地去準備，最後它就來了，所謂不期而至。

這是我講的「禪心三無」的第一個無——無憂。無憂的心是很輕鬆的，沒有壓力。現在社會上有些病很普遍，像糖尿病、高血壓、冠心病，得病的人特別多，而且年齡越來越提前。前不久我接待一個年輕人，二十八歲的一個企業家，事業很成功，可謂年少得志，但是他得了糖尿病，醫生說這些病和心理壓力大、憂愁多、不夠輕鬆有關係。我自己也有體會，心裏有憂愁時，人的精力、反應力都差了，工作效率也差了。但實際上一件事不會因為我們擔憂它就變好，相反會變得越來越糟糕。所以，我們要放下種種擔憂，要無憂。

無悔

「禪心三無」的第二個無是「無悔」。

悔是我們對過去發生的事情的一種態度。人的心靈很有意思，《藥師經》裏講到，每個人心裏都有一個俱生神，隨時都在記錄我們的言行和心念。儒家說每個人心靈在最深層面都有一種功能，就是良知，簡單說就是良心。而道教則把每個人心裏客觀全面地記錄身口意三業活動的這種能力，人格化、神化為閻王爺殿裏的一位官員，是主宰我們命運的賬房先生、一個會計師，他把所有人每時每刻的活動都記錄到賬簿裏。他那裏有一個龐大的資料庫，好像是天下所有眾生的心態和言行他都能記下來。人死了以後，都要從他那兒過一下，「會計師」把每一個人的賬都翻出來，提供給判官，判官再作相應的判斷——你該怎麼樣，或者是上刀山、下油鍋，或者是投生到人間，抑或是上升到天堂。

佛教這樣描述人內心的這種能力：人的心識分成八個層面，最深的一層為第八識，也叫阿賴耶識。阿賴耶識有三個意思：第一是能藏，阿賴耶識又叫藏識，它是一個大倉庫，能夠把我們身口意三業種種的活動都收藏起來，這是從它的能力、主動性方面來說的；第二是所藏，是從它所收集的資訊、從內容方面來說的；第三叫執藏，它不僅能收藏，而且對自己所收藏的內容還有一個執持、不丟失的功能。

我們每個人從一生下來——恐怕出生之前也在其內——種種的活動，行為、語言和心念的活動，不用別人來觀照，每個人自己心裏都知道。我們內心深處都有這種能力，不管當時做了甚麼、說了甚麼、想了甚麼，不管我們是主動地做、主動地說、主動地想，還是被動地做、被動地說、被動地想，種種情狀，我們心裏有一個攝影機，都會攝下來，而後形成影響未來身口意三業活動的很重要的資料和因緣。

我們自己內心所收集的這些資訊，反過來又會熏習我們，熏習通俗講就是影響。一個人內心覺照力很強的時候，做了一件違背自己原則的事情，雖然可能不記得曾經做過，但實際上內心並沒有忘記，會生起不安。自己也會覺得奇怪，怎麼我的心裏會不安呢？後來想一想，有一件事做錯了。這就是剛才講的我們內心良知的監督作用。我們的心就是這樣在逐漸地轉化、變化之中。自己改變自己，自己熏習自己，跟外在活動形成一個不斷互動、不斷地互相回饋的關係。

所以無悔的「悔」，是指我們對過去的所做、所說、所想，或者是一個錯誤——這種錯誤總是會先傷害別人、再傷害自己——對這些東西放不下、感覺後悔。後悔的滋味很難受，我也有體會。我看幾乎每個人都有體會。從來沒犯過錯誤的人應該是沒有的，或者說很少有，所以後悔的心理，每個人多多少少都會有。但有句俗話：世上沒有後悔藥可賣。我們也經常聽別人說，某件事從頭來一次就好了，或再給我一次機會等等，但是不可能。後悔會使我們內心不自在，堵塞在對過去的某一件事、對自己所犯的錯誤的執着裏——我們的心在這一點上梗塞了、栓住了。那麼禪心呢？它是無悔的。

禪心為何無悔？因為它離執，它是空的，像竹籃打水，留不住。具體來說，我們應該怎樣從對過去的執着裏擺脱出來呢？怎樣在今後不再有悔心呢？要想今後不再有悔心，就要從現在做起。禪心能夠看到，所謂的過去其實是不可得的，所謂的錯誤、罪業也是不可得的，是空性的；所謂的福和罪是因我們內心的執着，才對我們產生作用。所以在我們的內心深處——這個內心不是一般的大腦記憶力層面，是指我剛才講的良知良能這一塊，那個執持能放下，能夠知道一切是不可得的，這個心的結就解開了，悔就沒有了，此時心就會像虛空一樣，甚麼東西都沾不住了，禪心就有這種特質。

我們從祖師語錄裏能夠看到，禪心從來不會停留在對過去的執着、後悔裏面。當然了，對大家來說，更重要的是我們怎樣不再給自己的人生帶來新的後悔，這個最重要。要想做到這一點，就必須要把握身口意三業，使我們的生活符合佛法、符合戒律的要求。然後將所肩負的屬於自己的那部份責任都能盡到，屬於自己的那份義務能夠完成，能夠把我們遇到的種種寶貴因緣充份利用，這樣才可以。

比如很多上過大學的人都會後悔：上學時年輕，記憶力又好，圖書館又很方便，看的書卻太少，把很多的時間都浪費了。我自己就有這種後悔，那就是我身在其中的時候，沒有珍惜那種因緣。我們現在能學佛，得到人身、值遇佛法，有好的道場，能聽聞經法，讀到佛經，遇到師父，這些都是非常珍貴的因緣、非常寶貴的機會。如果沒有充份利用，錯過了，就會不斷地增加後悔。在每天的生活裏，我們要學習珍惜，通過珍惜、通過奉獻，不斷地創造歡喜。每個因緣你都珍惜了，每個人你都認真對待了，沒有傷害他，每件事你都認真對待了，每個工作你都認真地去做，兢兢業業地去完成，你就會無悔。生活中你遇到的每一個人——老師、父母、妻子、丈夫、學生，你有沒有認真對待他們呢？如果沒有，趕緊去認真對待。這是甚麼意思呢？就是根據我們所承擔的角色，我們應該做甚麼，就用心去做，認真去做。如果我們不用心去做，最後只能收穫後悔，不斷地增加後悔。這樣，人的一生，最後結果就是越活越沉重，越活越累。

這是講的「禪心三無」的第二無——無悔。

無怨

「禪心三無」的第三無是「無怨」。

第一無的「憂」，是指我們因為對未來的執着、對得失利害放不下而產生的心結，第二無的「悔」是指我們因為對過去自己的錯誤、失誤放不下而產生的心結；第三無的「怨」則是指對於現在落在自己頭上的一切不滿意而產生的心結——這個一切就很多了，包括他人如何對待我們、社會如何對待我們；包括對自己所不能夠完全把握的這個色身所出現的種種情況，比如生病、意外事故、生活裏種種落到你頭上的境遇等等；甚至包括了大自然如何對待我們。怎麼說到大自然呢？比如有時我們出門，希望是晴天，結果下起雨來，有時也要罵兩句，古人叫呵風罵雨，也會怨恨天和地。總而言之，無怨就是對我們的命運、對我們在人生路上所遇到的一切，都能夠歡喜接受，沒有怨恨。不僅歡喜接受，而且還要心存感恩。

如果有人以非理的方式對待我們，我們要對他心存感恩。這是需要訓練的，可能一下子做不到，但是慢慢地做，也可以做到。我們要心存感恩，把非理對待我們的人當成老師——訓練我們忍辱力的老師。對遇到的不符合自己意願的、不管是大自然的情況還是身心的種種情況，能夠承認這一切因緣就是自己所有、就是屬於自己的。

接受它，面對它，不要排斥它。我們必須直面生活裏、命運裏不符合我們意願的那些負面的東西。我們甚麼時候能夠正面面對它，它就甚麼時候開始轉化；我們要是背對它、逃避它或者怨恨它，可能這些負面的東西永遠都不會轉化。所以轉身面對、正面接受，這是生活中很重要的藝術，一種很重要的能力。

現代心理學有一個新的名詞，叫逆商。我們知道有智商，就是一個人智力的高低。但是有的人雖然智商很高，卻生活得並不幸福，事業並不成功。原因在哪裏呢？經研究發現人們還有一種能力，就是怎樣管理自己的情緒、情感，怎樣跟其他人配合，怎樣適應環境，怎樣訓練自己的意志力，即情商。情商之外還有逆商。逆商是指一個人在面對不如意的環境之時，他的反應能力、適應能力和轉化能力。每個人在生活中都不會一帆風順，有時會有逆風，遇到逆風時怎麼去面對它、轉化它和利用它，這種能力因人而異。有的人在順風裏成長得很好，但是遇到一點挫折、一點批評、一點困難，馬上就頹廢了，這種人就是「溫室裏的花」，沒有經過風雨。所以孟子講「生於憂患」，意思是說那些經過種種困苦考驗的人，他的逆商比常人要高，因為他曾經遭受過「苦其心志，勞其筋骨，餓其體膚，空乏其身，行拂亂其所為」的艱苦磨練。

逆商的教育和訓練在佛教裏非常豐富。我們知道「六度」[1]中有一度叫忍辱波羅蜜，它就是提高我們的逆商的。哪個人能忍，那麼這個人的逆商就高。真正的忍是如如不動——心都沒有動過；是忍「無可忍」，你怎麼都動搖不了他。他一往直前，堅持不捨，這樣的人逆商可能是一百分。在佛教裏還有很多方法也是提高逆商的，特別是禪宗祖師的教育。你要問德山禪師：如何是祖師西來意？他會當頭給你一棒。南宋時，日本有一個禪師弁圓到浙江來參無准師範，冒冒失失地去問問題，師父一頓棒子打過來，把他打暈了，而且打瞎了一隻眼，醒過來之後，他開悟了。當然普通人會有疑問，開悟有這麼重要嗎？難道比他的一隻眼睛都珍貴嗎？那開悟了的人就知道，這是他生命的根本問題得到了解決，不要說一隻眼，兩隻眼睛都值得。所以他開悟了以後給師父磕頭表示感謝，回到日本以後，還把師父的像供起來。如果你要問臨濟禪師問題，要小心，他會突然一喝，像獅子吼一樣，不容分說，不跟你解釋。不是跟你講道理，像我這樣囉哩囉唆、一二三四的，上來就霹靂般一聲大喝，把你嚇得魂飛魄散。

柏林禪寺萬佛樓開光前，我們請雲門寺的佛源老和尚來，很多人在山門口接駕，他卻不跟我們走，到指月樓南邊的時候，自己拐到西邊去了。他不管你！後來有人要給他磕頭，因為他老人家歲數大了，拿着一根拄杖，他就用拄杖打：「搞甚麼！」一說起來現代人有點可惜，不太適應這種教學，也就是講現代人根器不行。別說棒喝，批評他兩句就吃不消跑掉了——不等你拿起棒子他已經跑了。像這些禪宗的教學方法都是培養逆商的。

剛才說，無怨就是指我們在人生路上遇到種種逆着自己願望的境界，能夠正面對待，以感恩的心來對待。這並不是故意做作的，它來源於對因緣法的體認。甚麼叫因緣呢？我們每個人一生中的一切都是因緣法，無可避免地落到我們頭上的每一件事，可以說都是最適合我們的，我們要這樣去認識。如果你遇到一個脾氣很糟糕的妻子，也要知道這正是你的，這個正適合你。經常我們覺得這個不適合我——你遇到了她，肯定是你適合她。

再比如說我們生在這個娑婆世界，現在地球很不安寧，經常有戰爭、有恐怖事件發生，環境也越來越糟糕。我們之所以生在這個世界、這個國度、這個時代，一定有它的因緣——這一切適合我們。看這個地球上的戰爭，再想想我們的內心就知道

1　六度即布施、持戒、忍辱、精進、禪定、智慧，是大乘佛教中菩薩道所實踐之六種德目。

了，原來就是我們內心的戰爭投射出去的。我們內心戰爭的根源就是是與非、各種分別。有分別就有爭論，有爭論就有爭鬥，所以我們就會生在有戰爭的地方。我們內心有瞋恨、有憤怒、排斥別人、把自己的一切看得最重要，那麼我們就會生在有戰爭的地方。如果我們內心完全沒有瞋恨、沒有排他、沒有自我中心、沒有是非爭論，我們就會生活在一個和睦的環境裏，生在一個和平時代、和平世界，甚至也可能會生到天堂，生到極樂世界。就是在地球上，也有的國家沒有戰爭，比如說瑞士，在最近的三四百年內就沒有發生過戰爭。我想生在那個國家的人應該是有他的因緣的。有人會說，那我們可以移民到瑞士去啊。可以。要是能移民的話，我們都隨喜，就怕沒有那樣的因緣。話又說回來，與其移民，還不如把我們生活的環境變成沒有爭論、沒有爭鬥、沒有戰爭的地方，這樣就不用往好地方搬遷了，我們住的地方當下就是好地方。

以無怨的心去生活，面對的一切都感恩它、感激它、感謝它，無論是人還是事。不如意的東西就是我們的老師，就是剛才我講的德山禪師、臨濟禪師的當頭棒喝，逼我們進步、逼我們覺悟。以後你們要遇到很麻煩的人或是討厭的事，你就這樣想：噢，這是德山禪師，這是臨濟禪師，是來訓練我們、提高我們逆商的老師。

如果善於學習，很多環境都可以變成我們的老師，這一點，也是我跟着師父淨慧老和尚學到的。他經常講，要以感恩的心去面對。我也經常冷眼旁觀，看師父是怎麼做的。在這一點上，師父做得很好。我們最難感恩的就是跟你過不去的人、給你找麻煩的人、誹謗你的人，我看到師父確實是真心地——不是嘴上講或做作的——去容忍他、包容他、感謝他。有時候，我們也在一起討論。師父經常說：你身邊的人跟你過不去，你要感謝他。因為有這樣的人存在，你工作會更加謹慎，做人做事會更加認真，你會更少犯錯誤，對不對？跟你過不去的人肯定每天都會挑你的毛病，每天監督你，你要感謝他。如果一個人長年累月地監督你、觀察你、找你的毛病，我建議你真的給他發一份工資，因為那是需要耐心的呀，要請一個人這麼長時間地觀察你、挑你的毛病，如果你請我，起碼我是不會幹的，一是沒有那個時間，另外也很累呀。如果我們在生活裏經常會遇到這樣的人，他長時間注意你、挑你的毛病，長此以往，就能培養我們長時間的不放逸，那有多好啊！你長時間地認真、長時間地不放逸，如果他還是不放過你，我覺得你應該跟他交個朋友。以他的這種韌性——比你自己還要有韌性，那他真是個了不起的人，所以那時就是朋友了嘛！你們想想是不是這樣呢？事實上跟我們過不去的人都不太容易長時間挑我們的毛病，他就是煩惱現前的時候，才會跟我們過不去；如果他能長時間注意我們，他真的是在幫助我們。

這是講無怨之心，沒有怨恨、沒有怨言、沒有怨念地去生活、去對待一切，但做到這一點很難。比如我曾經在一段時間內給自己定了一個規矩、一條戒：從現在開始，我不對任何人任何事發牢騷，結果只堅持了一兩天，很快就犯戒了。容易發牢騷的人一般都是比較注意索取、不太注意奉獻的人，奉獻多的人牢騷少。經常對別人不滿意，牢騷就多；總是要求別人應該怎樣怎樣，卻沒有要求自己。要求自己多奉獻，就不太容易有牢騷，不太容易有怨言。我們不妨試一試，給自己制定一條戒律：「我發誓在任何情況下，對任何人任何事都不發牢騷，嘴上不發，心裏也不發。」

這顯然是很難做到的，但我們可以試一試。通過嘗試能夠了解自己的心，了解自己平時的生活。如果我們平時牢騷很少，那麼可以說生活品質很高；如果平時怨言很多，說明我們的生活品質很低。這個與我們是男女老少、貧富貴賤都沒有關係。牢騷少、怨言少、沒有怨恨，那我們就生活在淨土裏，生活在快樂裏；牢騷多、怨言多、怨恨多，我們就生活在不快樂裏，甚至可以說是生活在地獄裏。強烈地仇恨一個人是很痛苦的，被仇恨的人沒有受到傷害，自己先受了傷。

以上的修學體悟，是我提出來與大家共勉的一些生活原則。修禪，就要有一顆禪心。要有一顆禪心，首先就要做到無憂、無悔、無怨。希望大家記住「禪心三無」，平時經常反觀內照：現在我們的心裏是不是有憂了？是不是有悔了？是不是有怨了？經常返照，經常自淨其意，不斷地把心裏的憂、悔、怨淨化、轉化，進而放下。

二〇〇三年十月四日
於柏林禪寺普賢閣的開示

問題一

要做到無憂、無悔、無怨，豈不是生活得太消極了嗎？

回答一

能夠無憂、無悔、無怨，你認為活得太消極，我卻認為是積極。為甚麼這麼說呢？因為無憂、無悔、無怨的心，把對過去、現在、未來的掛礙都放下了，全力以赴於每一個當下，全力以赴於自己當下的每一件事，是最現實的、最真實的，也是最積極的。前面講過，關於未來，我們去憂，憂也不能給未來添分、增加成功的可能；關於過去的悔更不會給我們的成功、快樂添分，只會減分。所以，以無憂、無怨的心去生活，就是生活在每一個當下，每一個當下的心是輕鬆的；既是輕鬆的，也是全力以赴的。

我注意觀察那些修行好的長老大德，有一些特點：他們首先是「禪心三無」——無憂、無悔、無怨。另外，他們總是生活在當下，因此他們的精力都較常人多出很多倍。精力過人，不一定是他的體力超過常人，而是心力超過常人，心可以多用，可以管很多事、辦成很多事，但一點兒都不累。

不久前我見到在江西撫州金山寺修行的一位年輕比丘尼。這位比丘尼的師父印空法師在柏林寺萬佛樓開光時來過，那時就已經八十多歲了，精神非常好，我看到她肅然起敬。她那個寺院在山上，每天要上上下下爬山。她也在修廟，有三百多個比丘尼師父跟着她修行。我聽這位弟子講，說她們年輕人的精力都不如她。我問：「為甚麼呢？你們有沒有想過？」弟子說：「我注意了，印空師父總是當下的事當下辦，活得特別簡單，心態也是非常單純的，所以她的精力總是很好。」因為憂也好，悔也好，怨也好，都是消耗心力和能量的，這些她都沒有。

問題二　對社會上的一些弊端，比如造假，怎樣做到無怨呢？

回答二　這個無怨是指我們對待他們的心態，包括前面我講的，但並不意味着我們去縱容。

為甚麼有假貨，為甚麼有假冒偽劣產品？去觀察一下它的因緣，就知道絕非偶然。它與我們這個時代的社會風氣、人們的道德水準、信仰的失落以及社會轉型期市場經濟沒有規範等諸如此類的因素都有關係。有這麼多複雜的因緣促成了假冒偽劣產品的出現，單單你去怨恨它，它就會消失嗎？不會的。那我們能做甚麼呢？

我們遇到任何一個負面的東西，要想到我現在能做甚麼，就去做你現在能做的。你開始做了，它就開始轉變了；你做一分，它就可能改變一分。誰能保證在來聽講座的人中間沒有推銷商品的、沒有在工礦企業製造產品的？做這個工作的人到寺院來學佛，我們一起來交流心得，慢慢地他就有所轉變，也許原來賣假貨，從此不賣了。

佛法是最現實的，絕對的現實主義。

問題三

如何用一個詞概括無憂、無悔、無怨之心？

回答三

沒有詞了，無言了。無憂、無悔、無怨之心的說法，一方面是為了幫助大家去了解禪師提倡的修行意味着甚麼，另一方面通過這些思想幫助大家在實際生活中去體驗、體證，進入一下禪心的境界。嚴格來講這也是「扯葛藤[2]」，也可以說是一種「方便說」。

剛才講過，禪心永遠都是單純地安住在當下、處理當下的一切，所以如果非要用一個詞來概括，我覺得可以用《金剛經》裏的詞，就是「無住」，無住之心。

其實用甚麼詞無關緊要，主要是你們要能有所體會。為了讓你們能夠比較直接地有所體會，就說得很生活化，無憂、無悔、無怨，這樣講好理解。你們也曾有過憂、悔、怨，從這裏再來體會甚麼是禪心，就容易一些。如果我直接說「無住」、「無念」、「無相」，可能太抽象了。

問題四

人是有七情六慾的。有時表現出憤怒，也許會有好的結果？

2 葛藤：禪林用語。指文字、語言一如葛藤之蔓延交錯，本用來解釋、說明事相，反遭其纏繞束縛。此外，又指公案中難以理解之語句；更引申作問答工夫。玩弄無用之語句，稱為閒葛藤；執着於文字語言，而不得真義之禪，稱為文字禪，或葛藤禪。

回答四

很多時候會假戲真做——開始想假裝生氣一下，結果最後真的生氣了。

不過你說的這種情況是存在的，如果這個無住的心、這顆禪心能夠做到無憂、無悔、無怨，已經得到了自在，那麼為了利益眾生的方便，也可以有憤怒，可以有憂愁。你們看有的高僧的照片，也是滿面憂愁，比如虛雲老和尚，不過他不是為自己憂，是為眾生憂、為佛法憂啊。這個憂成了他的障礙嗎？沒有。這個憂是他老人家的表法，是教化眾生的方便，所以一旦我們的心能夠「無住」了，那就怎麼樣都可以。

但這個不是嘴上講的，需要功夫，需要身心自在——除了心自在，身還要自在。現在我要示現非常憤怒的相，可能剛開始我是假裝，最後變成真的了——因為我的身心都不自在。菩薩有方便善巧，都來源於心已經自在，身心都很自在了，所以他權現，可以慈眉善目，也可以金剛怒目。總而言之，他的心很好用，他的身也很好用；他的心可以硬，也可以很軟。

前面我講佛源老和尚，那天我們接駕，在他的房間，有人要拜他，他就拿着拄杖說：「出去！」那真是氣勢洶洶，不是做作的。反正那會兒誰給他頂禮，誰就會挨罵。後來進來一個內蒙的居士，旁邊的人怕他生氣，攔着這位年輕人，這時老和尚卻說：

「來，過來。」態度突然變了。這就是說，他的心和身都很自在，他的那種憤怒不是我們一般人的憤怒，有去無回、只有放沒有收的，他是收放自如的。最後他又把那個年輕人叫到跟前來問：「是做甚麼的？」很慈祥，教育了他幾句，說得那個年輕人痛哭流涕，特別受用。老和尚他就是這樣，很自在。

命運三要

影響命運的要素有三個。我們明白這三個要素，就可以在生活中着手改變自己的命運。

自古以來，無論西方還是東方，人類對自身的命運都特別關注，希望能預測命運、把握命運。我覺得觀察一個人一生的命運狀況，應結合他自身的素質，觀察其品質，這是佛教很重要的思想。人有沒有命運呢？確實是有的。不過佛教不用「命運」這個詞，而是稱之為「業力」。每個人的命運，都有其必然性，有一些因為過去的積累、過去的造作而養成的慣性、習性。但命運並非不能改造，命運也不是掌握在神秘的主宰神手裏，沒有一個外在的力量控制它。每個人的命運都跟自身的素質有關係，所以，我們要考察一個人的命運，就要考察這個人本身，如果從他一生的經歷和成就來看，可以説有三個要素：第一是「器」，第二是「識」，第三是「緣」。

器

影響命運的第一個要素是「器」。

「器」本來是指沒有生命的物體，比如一個器皿、器具，但就一個人來說，「器」主要是指他的身體，即身器。聯繫一個人的命運來說，身器意味着身體方面與生俱來的差異，包括身高、相貌、體質等，是父母給我們這個身體的先天素質。我們要承認並正視這個差異。觀察身器的學問在中國也是很發達的，如相面的學問。相面不光是看人的面相，有時也看一個人的整體，比如說身材的高低胖瘦，手有多長，走路的姿態等等。有的人可能是龍行虎步，有的人走路搖搖晃晃。從佛教的角度考察，主要是指我們從父母那裏先天稟賦的氣質。

我們要承認，每個人先天的身體素質是不一樣的。何以見得呢？比如：在同樣惡劣的環境下，遭受同樣的傷害，不同人的身體反應不一樣：有的人沒有問題，有的人就有了問題。而且不一定是平時健康的人就沒有問題，平時羸弱的人就有了問題。在生活的種種壓力和考驗下，不同的人身體反應完全不同，確實存在諸如耐力或體力方面的差異。

我們讀《水滸傳》、《三國演義》、《岳飛傳》這些演義小說，裏面常形容一個人身高八尺，拿着一百多公斤重的大刀去跟人打仗，就像拿一根小木棍一樣。我想這樣的人如果來參加現在的奧運會舉重項目，肯定會拿冠軍。這就是講一個人的先天素質在體力方面具有優越性。也有人身材並不高大，卻力氣過人，這在佛教裏是屬於「報」——力氣大也是一種果報。我聽我們師父淨慧老和尚講，雲門寺的佛源老和尚年輕時力大無比，同樣是在寺院幹活，砍柴時他所負擔的重量是別人的兩三倍；他可以把水牛的兩隻角抓住，使它動彈不得，可見力氣相當大。我們寺院的一個護法居士力氣也很大，他的身體恰恰不是很高大的，但是飯量很大——一般力氣大的人都比較能吃。所以，在身器上各人的先天素質不一樣。

相面的人看的是外相——當然他是從動態來看，但也不盡如此，他還要更深入地觀察人的內在氣質。西方醫學主要從解剖學的角度研究人體的構造和機能，而東方的人體學問相對更加重視整體性。東方人從與生俱來所稟賦的氣質來把握生命現象，從人的氣質表現來看，有的人顯得粗，有的人顯得細。中國的傳統醫學把人體內的能量運行稱為經絡，藏傳佛教則名之為氣脈，二者各成體系，不完全一樣。人與生俱來的經絡或者說氣脈的品質也各自不同，但也是可以改變的。

所以，器主要是指體力、耐力、氣質、氣脈這些指標。平常我們說一個人是不是那塊「料」，器指的就是這種情況。身器質量好的人，往往更能承受人生路上的挫折錘煉。歷來成就偉大事業的人，他們在人生路上不知吃過多少苦、遭受多少磨難。我在寺院也有機會接待一些老革命，他們爬過雪山、嚼過草根、餓過肚子，受過傷、流過血，精神上的壓力和身體所受的摧殘比一般的人不知要嚴重多少倍，但是在他們中間，有相當數量的人壽命很長，身體很健康，事業上也很有成就。人先天的身器確實存在一個「料」的問題。孟子講，「天將降大任於斯人也，必先苦其心志，勞其筋骨，餓其體膚，空乏其身，行拂亂其所為。」苦其心志是一個方面，對身體的摧殘是另一方面，在這種摧殘下，看看每個人的反應如何。「天將降大任於斯人也」，並不是說天想把大任降於特定的某一人，其實是將大任降於所有的人，然後看看在這種考驗下，有哪幾個人能通過。

一個人的身器確實會對他的人生有所影響。所以，我們也不能忽略一個人在身體方面一些不太容易改變的指標對其命運的影響。

識

影響命運的第二個要素是「識」。

識是屬於精神方面的，指見識、認識、知識。一個人具有好的身器，只是意味着他有成功的基礎，並不表示他一定能做多大的事業。他這一生究竟能為人類、為眾生貢獻多少，取決於他的見識、見地。一個人的身器先天成份居多，識量則完全是後天的，通過學習、通過生活經驗積累而成。識量包括心量的大小、觀察事物的敏銳性、思維的敏捷程度、思想高度等等，這都屬於人的見地。一個人即使有好的身器，但如果識很糟糕，見識很低劣，人生沒有理想，沒有志向，好身器就會被浪費了，這樣的情況很多。有理想、有志向，觀察事物敏銳，思維敏捷，眼光遠大，思想有高度，這些構成識的品質，能夠對先天的身器起補充作用。

身器的指標，有重要的，有不重要的。最重要的就是先天所稟的氣質氣脈能不能承受各種壓力、各種打擊；不很重要的是高矮美醜這些指標。但似乎古代人也很重視這些，一說到英雄人物就是身高八尺或一丈，好像身高很重要。其實有些歷史偉人如拿破崙、列寧，個頭不高，相貌也平平，從身器的指標來看就差一些，但是他們的識量，就不是常人所能比的。他們的理想、志向、心量，他們看問題的敏銳，他們的眼光、思想的高度，以及不斷調整思想觀念的能力，這些方面就不是其他人能比的。這就是後天的識可以補充先天身器的範例。

在中國佛教史上，根據《高僧傳》記載，也有很多高僧身器不佳。比如東晉時期有一位道安法師，河北巨鹿人。書上講他貌不驚人，長得黑而醜。出家以後，師父就不太重視他，每天讓他下地勞動，其他的師兄弟呢，卻常常能留在寺院裏。幾天以後，道安法師去找師父說：「你每天光讓我勞動，也應該給我一本經書讓我讀一讀呀。」師父一直沒太注意他——很多時候長得平常的人，你總是比較晚才注意他。師父說：「行！就給你一本經吧，但你還是要下地去幹活。」第二天晚上回來時，道安法師又去找師父說：「師父，再給我一本經吧。」師父說：「昨天我不是剛給了你一本嗎？」他說：「我已經看完了，而且背下來了。」師父嚇了一跳，僅一天的時間，很長的一本經，怎麼能背得下來呢？師父不信，道安法師當眾倒背如流，這下師父才對他另眼相看。

道安法師是對中國佛教史產生重大影響的人物，非常了不起。那時候，中國南北政權割據，道安法師一度住在湖北襄陽，那裏屬於東晉。北邊有一個政權——前秦，前秦的皇帝苻堅是佛教徒，他聽說道安法師的名望，就派兵八十萬攻打襄陽。他跟人說：「我攻打襄陽是為了一個半人。」這一個人是指道安法師，另外半個是一位儒家學者，名叫習鑿齒，由此可見道安法師的影響之大。中國佛教在南北朝時期開始形成一些有中國特色的寺院修行制度，既依據戒律又結合漢地傳統，比如坐禪、過堂[1]這些制度，在那時已經有了雛形，這都應歸功於道安法師的努力。

還有很多高僧也是身器不佳。比如六祖慧能大師，父親是范陽[2]人。他雖然也可以算是北方人，不過我們從書上看，以及從現在供奉在南華寺的肉身來看，他在身量方面並不是很高大，但是他具有大菩薩的智慧。

所以，識可以補充器。一個有理想、有志向、有見識的人，往往會賦予他的身體以不同的氣質，他在顧盼之間所流露的氣質就與眾不同。一個沒有理想、沒有志向、沒有見識的人，也許他的身器從物理指標來看非常好，但言語行動之中可能表現得猶猶豫豫、沒有活力；識也可以影響器，特別是在一些可變的身器指標方面。

緣

影響命運的第三個要素是「緣」。

緣就是緣分。緣分怎麼樣，有多重因素。在佛教裏，緣的含義非常豐富。緣字的左邊就是個絞絲旁，意味着一個人、一個事物跟其他的人或事物的聯繫是多方面的。比如說，一個人生在怎樣的家庭，這就是一種緣，他的出生、他的家庭是他的緣。他後來逐漸形成的社會關係，也是他的緣。我們學佛的人，這種緣就更加有意思了。以前可能從來沒想過到寺院來，也沒有接觸過佛教，有一天突然見到一本佛教的書，或者遇見一個已經信佛的朋友，跟你講了一席話，結果你受了影響，來到寺院，這個緣就成熟了。

緣有現在的這一部份，也有先天的那一部份——緣與我們過去世的積累是有關係的，比如之前說到的，我們出生在哪一個家庭，這就與我們過去所結的緣有關係。緣還有一個意思，意味着除了人際關係，還有我們所生活的國度、我們所從屬的民族這些內容。如我們是黃皮膚的中國人，則絕大多數是在中華人民共和國的版圖上生活，會接受這個民族的文化，具有中華民族的一些主要觀念和情感。這個也是緣，生活在一個甚麼樣的國度，也是帶有先天性的。

因為過去不同的積累而在今生所表現的差異這個緣，仔細說起來，它是無窮盡的，就像一張層層交織的網，由裏向外，由小到大，由近到遠。有大的緣，有小的

1 過堂：僧眾上齋堂用食之意。又作上當、赴堂。
2 范陽，現為河北涿州。

緣；有遠的緣，有近的緣；有現在的緣，有未來的緣；有隱藏的緣，有顯示的緣——有一些緣已經開始成熟，變成了現實，就是已經顯示的緣。比如現在大家來聽講就是跟三寶有緣，跟佛法有緣，因為你們已經走到三寶門中了。至於未來我們還會有甚麼緣，現在說不清楚。

很多緣在隱藏之中，我們不知道。比如一個小朋友，他身上隱藏的緣就比我們要多，因為他現在還小。我們身上的緣顯露得比他多，已經變成現實的比他多，而他的緣是隱藏的多。這些隱藏的緣，對一個人的命運、生活道路乃至事業成就的影響程度，這一點不用我去講，一些有工作經驗的朋友就知道。有時你工作特別努力，做出的成績也大，到後來要升職的時候卻沒有你的份；有一個人工作不怎麼樣，他卻升職了，因為那個機構的負責人跟他有一點關係。這種關係其實也是一種緣，有可能是他本身就有的，也有可能是他自己創造出來的；其創造的方式有可能是正當的，也有可能是非法的。這就是緣對我們的影響。

對於修行人來說，不同的人修行覺悟的方式不會完全一樣。有的人修行很懶惰，磨磨蹭蹭地，但是他沒有辦法不修行。為甚麼呢？因為他身邊的人都是修行人，都是佛教徒、出家人，甚至是高僧，這就是他的增上緣好。有的人身邊的人一點善根都沒有，不修行，也不學佛，可是他自己的信心很清淨，有出離心、學佛的願望特別強。以出家人來說，修行的緣也不一樣，有的法師從小就出家了，但那時還迷迷糊糊的。為甚麼出家了呢？因為他的父母是虔誠的佛教徒，他從小受影響，他的緣好，被送到寺院、送到師父那裏去，剛開始還沒有信仰，後來慢慢地吃佛門的飯，穿佛門的衣，唸佛門的經，有一天突然明白了，他內在的因成熟了。你看這就是緣增上。有的法師呢，很有善根，很願意修行，但身邊的緣好像都是障礙，都反對他。這就是緣的力量。

養護身器

前面講到影響命運的三個要素：器、識、緣。我們從把握命運、改造命運的角度看，應該怎樣來對待這三個要素呢？

首先，對於身體我們應該要愛惜它、養護它。換句話說，我們對父母、天地所給予的這個身器，要知道愛惜，這是我們的工具。這個工具，有的人把它消耗在損害社會、損害他人的壞事上，這就是不知道愛惜身器。我們應該用它來做對社會、對他人、對眾生最有利的事，做最有意義的事。以修行人來講，身體既是一個業器——是過去種種業的綜合結果，也是修道的利器。這個身體不僅僅是屬於我們個人私有的。

從所承擔的責任來說，如果我們發起了菩提心，這個身體屬於所有眾生；即使我們還沒有學佛，沒有發起菩提心，這個身體也是屬於父母家庭、親戚朋友、社會國家的。關於對待身體的態度，儒家文化就特別提到「身體髮膚，受之父母，不敢毀傷」，這就是要求每個人對自己的身器要有一種愛惜、愛護的心，甚至要有一種敬畏：這個工具給了我，我要善於利用它、細心保護它。

如何養護身器？前面講到身器有一些因素是先天的，但是後天的養護也可以改變身器的品質。佛法的持戒和修定就是養護身器的學問和功夫。持戒，我們要知道哪些事可以做、哪些事不能做。佛陀教導我們不能做的事，如果我們做了，比如去殺生、去偷盜，首先受傷害的就是我們的身器，這個工具受到了傷害、受到了染污。在生活裏，保護自己的身器，就要注意愛惜自己，不要把精神、精力消耗在無謂的事情上面。比如說朋友聚會喝酒，最後互相灌醉了，身體受到傷害，這就是無謂的消耗；再比如，在一些娛樂場所進行的放逸、過份的娛樂都是對身器的損傷；抽煙這種不良的習慣也對我們的身器有所損害。有的人可能會說，有很多人抽了一輩子煙也沒事。但是你也要知道，罹患肺癌的概率，抽煙的人要比不抽煙的人高出許多；還有其他的，比如上網，要有意義、有節制地去利用電腦和網絡。完全沒有節制，失控，跟着網絡去飄，也會傷害我們的身器。我絕對不是反對使用電腦和網絡，而是說要學習如何善用。當我們沉迷其中的時候，身器會受到傷害。

還有的人拿身體去作無謂的冒險，這也是一種不慎重的態度。在佛經的戒律中，可能大家比較多地注意到了戒律總是不許這樣、不許那樣，包括不許吃肉、不許喝酒，所以人們往往認為佛教的戒律都是在克制與束縛我們的身體。其實，戒律是為了保護我們，其中也有直接關於保護身體的戒條。在菩薩戒裏面就有這樣一條，「險難處不得獨行」。如果沒有必要，你不要獨自到可能危及你生命的危險地方去。比如伊拉克正在打仗，你堅持要去玩一趟回來，好有炫耀的資本，那是沒有意義的。為甚麼菩薩不能這樣做呢？因為菩薩的身體不屬於他自己，如果把身體拿來作無謂的冒險，因此喪生，也是有罪過的。當然，佛教也絕對反對自殺，自殺跟殺害他人同罪，都是殺生。為甚麼？就是因為這個身器不是屬於我們自己獨有的。

所以要養護身器，首先我們要杜絕無謂消耗生命的種種生活習慣。特別是今天生活在大城市裏的人，很多娛樂在向我們招手，在誘惑着我們。娛樂廳、歌舞廳裏面旋轉的燈光讓我們蠢蠢欲動。聽說在「迪廳」裏，有人會吃一種叫搖頭丸的慢性毒品，吃了以後跳舞能跳很長時間，這個就是糟蹋身體。因為這種東西刺激人的神經，使人處於興奮狀態，對自己身體狀況的知覺麻木。本來人已經很疲勞，在藥物的作用下，他的感知遲鈍，所以能跳很長時間。但是跳完以後，他肯定非常累，甚至會虛脱。就像有一種精神病人，發病的時候力大無比，狂躁無比，長時間地大喊大叫，但是他發作完以後要睡覺，睡好幾天還恢復不過來。諸如此類的活動，對身體都是很大的傷害。我們要保護自己的身器，就要遠離這些活動，遠離這些地方。這樣才可能有本錢、有資本去幫助眾生，去修行，去工作，去成就我們的事業。

前面講到氣脈的素質，身體內部各種粗細能量運行的方式、品質、速度，以及通暢與否，有這樣一些先天所稟賦的條件。佛教的禪定，就是從根本上改變身器素質這一部份的。禪定從呼吸、從人的心態到人的身體，進行綜合調整，讓心靈安靜下來，沉澱到最底層，在內心最深最深的地方用功。通過長期的禪定訓練，就能改變身器的品質。

磨練見識

識，就是見地，實際上就是智慧。佛教講的智慧有聞、思、修三種。聞是聽聞，思是思考、思維。聞、思就是學習，包括讀書、聽講——聽老師講、聽別人講，這都屬於聞思的智慧。學習令我們增長見識，掌握很多前人的經驗。修，在佛教裏面主要是指修禪定。禪定的積累能改變身器，而更重要的是能改變心識。改變我們對自身、對世界的看法。在這些地方發生突破以後，它就會改變我們的心量，改變我們的理想、志向，改變我們思想的高度。

如果以世間的標準來看，擴大識的途徑，古人用兩句話來講，那就是「讀萬卷書，行萬里路」，很有概括性。讀書就是聞、思；行萬里路就是實踐，實際上就是修，修行。修行不僅僅是靜坐禪修，也包括在生活方面去磨練、去歷練、去碰撞；經歷失敗、再試驗、再失敗這個不斷的過程，最後見識增長了，心量打開了；當然也包括空間上的遊歷。在古代印度和中國，遊歷的經驗也是很重要的。一個人要是足不出戶，他的見識也很難增長。現在我們說旅遊，佛教裏稱為行腳或雲遊。中國疆域廣大、山川秀麗，所以雲遊天下，從南到北，從東到西，經過很多的名勝古蹟，這個過程一定會增長你的知識，會陶冶情操、提高文化素養。而且在這個過程裏，這些山水、名勝古蹟本身就像老師一樣浣洗我們的身心，開闊我們的心量。只是待在小小的街巷或者是很偏僻很封閉的小村莊，和你遠望無邊無際碧波萬頃的大海，對於絕大多數人來說，感受絕對不一樣。當然對於心智相當成熟的人，在很小的屋子裏，他的心也是跟虛空一樣大。但對於絕大多數人來說，我們的心隨境而轉，會受境的薰陶。行萬里路，就是主動地用好的環境，用這些波瀾壯闊的、宏大的、秀麗的外境來薰陶我們自己，增長見識。

廣結善緣

身器要養護，識要培養、要磨練。那麼講到緣呢，就是要廣結善緣。一個人為甚麼會生在很開明——比如說有佛教信仰、有文化氛圍的家庭呢？這與他過去世結的緣有很大關係。有的人走到哪裏都能遇到好人，走到哪裏別人見到都喜歡他，都願意幫助他。也有的人處處碰壁，人緣老是不順，總是有人跟他過不去，這也跟他過去世結的緣有關係。所以要改變緣，只能從廣結善緣做起。

廣結善緣要從生活裏做起，認識的人，不認識的人，一面之交或者多年相處，都要能結善緣，慢慢地我們在人生路上的積累就會越來越好。廣結善緣主要是有奉獻的心，要有奉獻精神。在任何一個環境中，都要多為他人着想，為他人服務，多關照對方，不要處處只想到自己。廣結善緣，從語言上講就是要說愛語，說柔軟語；從心態上來說，要有奉獻的心，有歡喜的心；從行為上來說，要多做利他的事；從儀表來說，要多微笑。有時一面之交，一個善意的微笑也可能會給對方留下很深刻的印象，結下很深的緣。

我在書上看到一個故事：大概是在風景優美的瑞士，那時正值旅遊高峰，四面八方的遊客都聚集到一個城市裏，賓館已經住滿了人。一位服務員正在值班，天已經很黑了，有一對老年夫婦來投宿，但是賓館已經客滿。服務員就同這對老夫婦解釋，說確實沒有房間了。老夫婦很失望，不知道該怎麼辦。年輕人想了一下，說：「我有一間宿舍，雖然比較小，條件不怎麼好，但是衛生還可以，你們在那裏休息一晚上吧，反正我值夜班，在外面坐着就可以了。」老夫婦接受了他慷慨的佈施，第二天離開時很高興，特意要了這個年輕人的聯絡地址。過了一段時間，年輕人收到老夫婦從美國一個城市發來的電報，邀請他去做客。年輕人放假時就去了美國。老夫婦專門派人接他，將他領到一個富麗堂皇的酒店，年輕人以為是要住在那裏，老人卻說要將這酒店交給他來管理，作為對他那個晚上所做善舉的回報。

這個故事可能是人們杜撰出來的，但是能夠給我們一個啟發，有時候在生活裏面一個小的善舉能令我們結很深的緣。一件小事足以把我們的善心表達出來，所以古人說：「勿以善小而不為。」為甚麼說小的事會給我們結很深的緣呢？因為不管是小事還是大事，所表現出來的心態是一樣的。所以廣結善緣時時處處都可以做。這需要我們有愛心、有責任心。今天的社會很多人目光短淺，沒有責任感，不相信三世因果，不相信我們要為自己的一切行為負責任。因此我經常聽到人們反映說，很多時候，在火車站、汽車站買的是假冒偽劣產品，食品經常都是過期的。為甚麼呢？因為人們總是認為，在那裏買東西的都是趕車的人，一旦坐上車，就不會再回來了，所以他們做的是一次性買賣，能多賺一些錢就多賺一些。那種心態好像是做完這一次生意，以後就永遠不會再見到這個人了。事實恰恰相反，以後還會見面。如果我們對自己遇見的每一個人都能想到以後還會見面，我們的行為、做法就會不一樣，我們就知道要認真對待了。因此，從緣的這一點來說，我們也應該要廣結善緣。

廣結善緣，通俗地說就是要奉獻——奉獻我們的財物，奉獻我們的愛心，奉獻我們的歡喜心。這便是佛教講的佈施，所謂財佈施、法佈施、無畏施。無畏就是安全感，無畏施是安全感的佈施。

養護身器、磨練見識、廣結善緣這三個方面，如果我們都能很好地去做，我相信，我們的命運會越來越好。因為我們扣住了命運的脈搏，不僅可以把握現在，還可以把握未來；不僅可以通過努力逐漸地改變今生今世，無窮的未來際都掌握在我們的手上。

二〇〇三年十月六日

於柏林禪寺普賢閣的開示

問題一　出家應該擁有怎樣的心態？

回答一　出家正確的心態就是為信仰、為修道。

出家這種想法，在很多佛教徒特別是年輕的佛教徒心裏都可能有過，但未必每個人都能出家。要好好地觀察一下自己在各方面能不能適應出家人的生活，另外也要考慮一下自己對佛法的了解，包括對僧團生活的了解究竟有多少。我們在書上看到的出家人的生活，跟現實中出家人的生活還是有距離的，如果你滿懷期待地看出家人的生活，想像自己出家以後如何如何，當你在現實裏遇到一點挫折，遇到跟自己的設想不一樣的情況，可能就會受到影響。

因此我覺得出家的動機應該就是為了佛法。法是常住的，真理是永恆的、不變的，不會因為時間空間的改變而變動，不會因為時代的改變而變動，也不會因為人們的水準參差不齊發生改變。佛所講的法超出所有這些變動的現象，作為真理這一點不受這些因素的影響。如果我們的信心維繫在法上面，而不是維繫在其他因素上，甚至也不維繫在某一個人上面，比如你遇到一個很好的師父，就是因為看到這個師父很好，你願意出家，當然這種因緣也可以。但是比較而言，畢竟因為佛法是真理，我願意為它而獻身，去實踐它，這種心態更好些。

將信心維繫到法上，這樣我們的信心會比較堅固，比較能經受得住考驗。當我們把信心維繫在法上，我們所處的環境和目前所看到的各種現象越不如意，我們越有精神。為甚麼呢？因為周圍的一切都很好的話，那還需要你幹甚麼？那就不需要你了。周圍的一切有問題，那才需要我們。

問題二

甚麼是戒律的遮和開？

回答二

「遮」是遮止、不要這樣。「開」是指特殊情況下可以例外，如妄語。妄語可以開，在甚麼情況下可以開呢？如果你的妄語對對方不會造成損害，而是出於善心、出於愛護對方，在這種情況下可以開。比如有一隻鹿被獵人追趕，從你面前跑過去，獵人追過來問你鹿逃跑的方向，你告訴他相反的方向，這時你不犯妄語戒。因為你是為了保護那隻鹿不受傷害，同時也是幫助獵人少造一次殺業，這樣的情況下是可以開的。

入佛三知

入佛三知，是指在家人要進入佛門、要學佛修行，首先應該知道的三件事——知止、知足、知歸。這是我們學佛的基礎。

知止

第一知是「知止」。止，從字面上來講是停止。儒家有個很重要的文獻《大學》，其中講到「知止而後有定，定而後能靜，靜而後能慮，慮而後能安，安而後能得」。止在這個層面上是甚麼意思呢？就是界限。我們做一件事情，比如在人行道上走，要知道人行道左邊和右邊的邊界在哪裏，超過了邊界就會走到車道上，或者走到路邊的溝裏去，所以在邊界處就要停下來。止的意思之一是界限，具體地說就是規範。每一個事物都有它的界限，我們做每件事也都有它的規範。做人有做人的規範，有一般的規範，也有特別的規範。比如做在家人有在家人的規範，做出家人有出家人的規範；

做老師有做老師的職業規範，做政府公務員當然也有做公務員的職業規範。

我們在學佛以前——包括我回憶自己在學佛以前，生活都是比較迷惘的。對於哪些事情可以做、哪些事情不可以做，自己心裏沒有底，沒有一個界限。好像一輛車行走在一條沒有交通線的道路上，有時會向左邊偏很遠，有時會向右邊偏很遠。學佛以後，第一步我們就要知道，做人應有一些最起碼的規範——哪些可以做，哪些是一定不要、不能做的，這部份內容在佛教裏面稱之為戒律。戒律不一定是我們受了戒以後才應該知道的，才應該按照它去做。在受戒以前，我們要明白，作為人，我們擁有很多珍貴的東西，如自由、權利等等，要保住這些珍貴的東西，我們就有必要遵循做人的一些基本規範。

在佛教裏面，釋迦牟尼佛給在家人提出五條基本的規範，我們稱之為「五戒」：第一不殺生，第二不偷盜，第三不邪淫，第四不妄語，第五不飲酒。這五條戒是釋迦牟尼佛對在家佛教徒提出的要求。我們在生活中，在自己的思想意識裏，如果非常明確地知道有這五件事情，就會對自己有一個警戒。或者其中某一條戒一時半刻做不到——比如一時做不到「不飲酒」，那起碼會要求自己做到其他四件事情。

第一，不殺生。首先是不要殺人，不傷害人的身體，進而不傷害其他生命的身體，不中斷他們的生存，這是不殺生的意思。一般情況下，我們應該是不會去殺人的。但是在生活裏，往往會無故地傷害其他動物。如果對自己沒有約束，不知止，不知道這個界限，對於人和其他眾生生命之間的關係沒有明確的認識，我們往往就會隨着無明煩惱去做傷害其他眾生生命的事情。

佛教裏講到，傷害其他眾生的生命會有很嚴重的後果，我們所發出去的最後我們會收回來。我們曾經發出去甚麼，就會收回來甚麼。比如我們往天上扔一件東西，它總會掉到地上來。可能我們以五公斤的力量扔上去，它會以十公斤的力量掉回到地上來。人的行為、語言和思想也是這樣，它發出去然後我們又會收穫它。不是說發出去了就與我們沒有關係了，發出去以後我們要負責任。

殺生的行為一旦發出去，我們收回來的是甚麼呢？收回來的也是與生命存在相關聯的結果：從大處來講，與我們生命的生和死相關聯；從小處來講，與我們的生命健康和壽命長短有關，我們會收穫這些果報。一般來講，殺生多的人容易生病、短壽、沒有安全感。為甚麼沒有安全感呢？因為他使其他眾生沒有安全感，所以他也就沒有安全感。而且他的朋友會很少，因為他傷害過其他眾生，或者他習慣於傷害其他眾生，其他眾生當然也就害怕他，他的朋友就越來越少。如果他有朋友的話，也往往容易召感那些喜歡殺生的朋友。所以喜歡殺生的人就會有很多喜歡殺生的朋友。後面幾條也都一樣——喜歡偷東西的人會遇到很多喜歡偷東西的朋友；喜歡濫搞男女關係的人總是遇到種種會推動他墮落的環境和人；喜歡喝酒的人總是會有很多酒肉朋友。

這個道理就是佛教講的「苦、集、滅、道」[1]中的「集」。你們仔細觀察一下生活裏的「集」——凡是喜歡踢足球的人，你注意觀察一下他的生活。他的房間裏一定有很多球星的照片，他一定掌握了很多關於足球賽的資訊，他一定認識很多喜歡觀看球賽、喜歡踢足球的朋友，因此對他來講，看一場球賽要比我們簡單得多，因為他這方面的關係很熟，這就叫「集」。當然如果你們學佛的話，那又是一個「集」：我們會發現房間裏與佛法有關的書很多，認識的人也是學佛的多，我們會認識很多法師、很多居士，跟很多寺院有聯繫、有往來，這也是「集」。

現在再回到不殺生這件事情上。殺生在我們的生命裏所召集的，都是與生命的安危存亡有關的一些惡的因緣。比如，喜歡殺生的人容易生在有戰爭的時代，生在有戰爭的國度，容易遇上戰爭。當然，這是從三世因果的角度來觀察。因此殺生是我們應

1 苦、集、滅、道總稱為四諦或四聖諦。

該知道、並在行為上立刻就要停下來的第一件事。

第二，不偷盜。這是關於財物的戒律。財物也是用來維繫生命的東西，所以偷盜財物接近於影響別人的生存。當然，去撬人家的門、破窗而入這樣的事，我們一般不會去做，正人君子都不會去做。但佛教講的不偷盜，意思更廣泛，有很細的要求：不僅僅是不可以破窗而入，也包括你在單位裏、在任何環境下，如果對方沒有同意，屬於他人或者集體的東西我們都不可以佔為己有。比如打電話，拿一張信箋紙，用一次公車……，這些應該都屬於盜這一類。要維持行為的廉潔，我們必須要在這些地方注意。如果做得好，慢慢地我們的氣質會改變。有時候，不一定要向別人去宣佈，說「我不偷盜」，或者說「我一向不殺生」，其實不用說，你一出現自然會給人相關的資訊。不偷盜這條戒持得好的人，給人一種特別值得信賴的感覺。如果是做生意的話，就會有很多人相信你。人家跟你談判的時候，會特別放心，覺得你肯定不會是心術不正的人。持戒的人有這種感染力量。

前面是講我們在生活方面不偷盜。不偷盜還有更細的要求。除了財物以外，還有一些抽象的東西，我們也有可能犯偷盜戒。在知識經濟時代，有時不一定盜竊財物，偷一條資訊也是偷盜，偷網站密碼也是偷盜。駭客其實就是犯偷盜戒。為甚麼呢？他偷的是知識，是用一種特別的方式偷——破譯人家的密碼。駭客會說，我沒有偷啊，我是自己琢磨出來的。不錯，那是你自己琢磨出來的，但是人家設這個密碼的意思，就是不希望別人知道，密碼就和門一樣。你在對方沒有同意的情況下琢磨出來了，你用心研究，把門弄開了，這就是偷盜。現在很多網路交易，有些人偷偷把別人的賬號和密碼弄到手，這都是犯了偷盜戒。

還有的偷盜不是盜知識，也不是盜財物，而是盜名。有一個成語叫「欺世盜名」，這件事情明明不是你做的，你卻說是你做的，於是大家都認為這件事是你做的，這就是盜名。古人也有句話是不要掠人之美，盜名就是「掠人之美」，像寫文章、搞創作的人，剽竊別人的作品，將其據為己有，就有掠人之美之嫌，也屬於盜名。在現在的資訊時代，「名」可以變成實際的經濟利益、實際的種種財富，也是一種社會資源。「盜名」的現象近年比較普遍，如假冒偽劣的產品就是盜名，明明不是那個廠家生產的，貼上人家的商標，通過盜名來達到盜利的目的。這些是講不偷盜。

第三，不邪淫。不邪淫的意思是在家的佛教徒可以在法律和道德允許的範圍內與自己的伴侶發生男女關係。如果跨過這個範圍，跟第三者發生關係，就叫邪淫。邪淫既傷害當事人的身心，也傷害各自的家庭，傷害社會的穩定。這個傷害也是全方位的輻射。所以要知止，這件事情是我們特別應該知道要停下來的。好比在開車的時候，該刹車時必須要刹車一樣。

有一次我接待一位女孩。我說：「你有甚麼問題？」她說：「師父，我本來有家庭，現在我喜歡上另外一個人，怎麼辦呢？」我就很直接地跟她講：「不行。你有家庭，那麼你對你的家庭就有責任，你不可以沒有界限。讓你的感情蔓延到其他人的身上去。那不僅是對你家庭的傷害，也是對別人家庭的傷害。」

可悲的是，今天的社會在很多管道、很多輿論工具上所渲染和推動的，好像都是鼓勵大家在感情上、在男女關係上毫無界限，隨便來，想怎麼樣就怎麼樣。社會上有很多資訊把我們朝這個方向誘引，這是很危險的。現在科技很發達，資訊溝通很方便。這一切方便的手段當然可以用來為我們謀福利，但要是用來作奸犯科也是很方便的。現在有網戀，兩人在電腦上談戀愛，然後走到一起。聽說後果有很可怕的，因為在電腦上誰也不知道誰。還有人在網上組成家庭，諸如此類，都是我們不知止、沒有界限、不知道刹車造成的。

一個學佛的人，首先要知道在念頭上、行為上刹車。邪淫這樣的惡行，都不是突然發生的，它是由很多的因緣促成，由一定的時間作鋪墊的。因此，在日常生活裏，在家的居士怎樣去避免這些錯誤呢？當然，首先你要知道，有些界限是不可以逾越的；另外，應該多方面去建設自己的家庭，從正面去建設自己的家庭生活，建設夫妻關係，那麼就能避免這些問題的發生。有的夫妻雖然在一起，但彼此的關係破裂，已經很疏遠，很冷漠，有了隔閡，雙方都不願意面對，都回避，假裝不知，慢慢發展下去就容易惡化。

有人研究，很多青少年犯罪，也包括很多成年的罪犯有一些共同的特點，就是在小的時候，他們成長的家庭環境往往有缺憾。有些是單親家庭，或者父母關係已經破裂，這樣的家庭環境很容易使小孩子受到傷害。因為缺乏家庭的溫暖，小孩得不到足夠的愛與關懷，結果在孩子幼小的心靈裏積壓對社會、對生活的不滿和仇恨，本能地會對社會、對他人產生一種仇恨心理。這並不是絕對的，但絕大多數青少年罪犯有類似的家庭背景與成長經歷。當然，也有一些人很有天賦，是有來歷的，他過去世的積累很好，心理素質很好，雖然小時候沒有得到關愛，長大後卻知道更好地愛別人。

但是，很多人是小時候得到了甚麼，長大後就把他得到的放大了還給社會。如果他小時候得到過愛，長大後他就會放大這個愛還給社會；小時候他得到的是冷漠、冷遇、被拋棄、沒有人理睬，同樣地他也會把這些放大再還給社會。人有時候看起來很複雜，其實也很簡單，就是這樣一個簡單的道理。所以我們在處理家庭關係上要慎重，在男女關係上要知止。

另外，有一些場合不要去。比如一些非法的娛樂場所、洗浴中心之類的地方不要去。我在寺院也曾接待過這方面的人。一次，有位洗浴中心的負責人愁眉苦臉地來找我。我問他：「你有甚麼事？」他說：「我最近很煩惱！」我說：「怎麼煩惱呢？」他說：「經常有人來找我的麻煩，要跟我打架，要拿刀子殺我，我也忍不住要出去跟人打架，忍不住要拿着刀子去傷別人。」我直接跟他說：「你做的是損德的事。你那洗浴中心是不是有色情服務？」他承認有。我說：「這就是損德的事，損德的事招惹這類事情，那是當然的。如果你不停下來，恐怕不僅是打架，還有更嚴重的後果。」跟他這樣一講，他下決心說回去改。

所以有些場所不要去，要知道停下來。你們如果讀過《地藏經》，就知道裏面講到有很多鬼，甚麼吸人精氣的鬼、吸人精血的鬼、吃胎卵的鬼、三目鬼王、四目鬼王等等。不要以為鬼就是青面獠牙很兇的，不是的。色情書刊、錄影或網站上的色情畫面就是吸精氣鬼，沉溺其中的時候，你的精氣就耗散了。吸精氣鬼活動最多的地方，就是那些娛樂場所。還有一些人的生活過於放縱，比如飲酒無度，吸食毒品等等，這些都是吸精氣的鬼。鬼並不神秘，我們的身邊到處都是。我們不要去碰觸它，要有一個界限，如同走在人行道上，不要偏左，也不要偏右。只要走在人行道上，鬼是沒有辦法傷害我們的。在佛經中，有時會用一些比較生動形象的語言來描述我們的社會生活。佛經裏面所講的，在現實生活中都有，都存在。

第四，不妄語。主要是不要坑蒙拐騙。如果是修行的人，在自己修行的境界上，保持誠實就可以了。

第五，不飲酒。酒會傷害我們的理智。醉酒的人，失掉了健康的人格，他的人格是破碎的。在人格不健康，理智受損的情況下，他往往會做出很多蠢事：會殺生、會偷盜、會邪淫、會騙人等等，所以酒精應該受到控制。釋迦牟尼佛制定不飲酒這條戒律，還包含不要吸食毒品，如海洛因、嗎啡，這些會讓人上癮、接觸了以後難以擺脱的東西，都不要去碰。

以上我講的是第一個知——「知止」。

知足

第二知是「知足」。知足是指在物質方面。這一點好像和今天的時代有些不合拍，因為現在是一個市場經濟、商品經濟時代。商品經濟靠甚麼支撐呢？就靠我們膨脹的欲望來支撐。在這裏所講的「知足」主要是指在獲得的物質方面知足。我們在奉獻、播種、耕耘上永遠不要知足，但是在索取、得到、收穫上要知足。知足意味着珍惜，如果不珍惜我們所擁有的東西，它就一錢不值。不知大家有沒有這種體會，一件衣服我們非常珍惜它，它的價值才發揮出來；如果我們根本不珍惜，今天這一件，明天再換另一件，它的價值就難以發揮。所以知足包含了要珍惜生活資源這一層意義。這種在物質上的知足，回饋到我們的精神生活上，能使我們得到一種快樂。這種快樂跟奢侈的快樂不一樣，奢侈的快樂使我們很累，它讓我們總是向外狂奔不止，不斷地追逐物欲；而珍惜物質資源的生活，會由於精神生活的充實，而使得我們所擁有的物質顯示出特別的意義來。

有錢的人當然有他的快樂，可能他可以想做甚麼就做甚麼，想買甚麼就買甚麼，想到哪裏去就到哪裏去。不過有些人想怎麼樣就怎麼樣的話，往往不懂得珍惜。而我們很辛苦、經過一定努力得到的有時更覺得珍貴。

知足，意味着不要把生命消耗在物質追求上。把生命全部消耗在物質追求上，就很難回歸到信仰上來。當然，我並非主張大家都要過窮日子，而是要珍惜我們的擁有。我們慣有的思維模式是經常想我沒有甚麼，很少想我已經擁有了甚麼。知足的意思就是要經常想到自己原來已經擁有了許多，對我們所擁有的保持正知。

出家比丘的生活，如果按釋迦牟尼佛的要求，非常簡樸。這種簡樸的生活有它特別的味道。虛雲老和尚，我們現在看他老人家的照片，大褂上面很多補丁，補了又補。據說有一次他老人家到北京出席亞太和平會議，要會見很多外國的高僧和代表，當時的中央政府希望他老人家換一件衣服，穿得體面些，去接見外賓嘛！虛雲老和尚是一位禪者，他不管那些，我行我素，出現時還是那一身衲衣。所以在這方面，精神生活的充實確實包含其中。我們自己家裏的東西，你注意體會一下，有些東西你用的時間長了，成為你生活中不可少的一部份，你會很珍惜它，和它成為朋友。如果老是注意力向外，見異思遷，就會冷漠我們已經擁有的，就像冷漠一個老朋友一樣——總是去找新朋友，舊朋友被你拋棄了。

我們對自己已經擁有的，要明白它、珍惜它，這叫做知足。知足者，快樂會很多。第二個知——「知足」就是這個意思。

知皈

第三個知是「知皈」。皈是皈依的皈，回來的意思。除了要吃飯穿衣、結婚成家、生兒育女以外，人生還有一個很重大的問題需要解決，在佛教裏稱作「生死大事」，哲學家叫它「終極關懷」。我們生從何處來，死到何處去？生命的意義究竟在哪裏？人從出生到死亡，往往是像一片樹葉一樣，隨風飄蕩，有時候吹到屋頂上，有時候吹到水溝裏，身不由己。很多人就這樣度過了一生，沒有能夠靜下來思考過：生命的意義是甚麼？真正的價值在哪裏？

信仰，應該說是人類普遍的需求。當然有的人沒有覺察到這個需求，沒有發現自己有這個需求。知皈，從佛教來說就是要知道歸依處。知道了歸依處，我們的心就有了精神家園，就有了精神支柱。這時候，我們對生活中的一切就有一個判斷的標準，知道怎麼選擇、怎麼取捨。在人生的種種境遇之中，我們比以前更有力量和信心。

做一個佛教徒，第一步就是要受三皈依。三皈依這個儀式，表明我們已經明白了佛法僧三寶是生命的真實依靠之處，通過這個儀式，把佛法僧三寶接納到自己的內心。可能在這之前我們像是隨風飄蕩的落葉，有了三皈依以後，就如同深深扎根於大地上的樹木，非常地穩固，再也不會隨風飄蕩。心靈的這種歸宿感在日常生活中往往會有所表現，很多居士都應該有所體會：皈依了三寶、進入了佛門之後，往往感覺很安心。對於這一點科學家們曾做過調查。做調查的科學家並非是佛教徒，他們通過很深入的學術研究與調查，發現佛教徒比其他的人群要快樂。為甚麼佛教徒比較快樂？科學家發現他們快樂的原因不在物質上，而在信仰上。有佛教信仰的人很安詳，心安定，生活也會相對安定。這種快樂不同於物質享受的快樂，不同於感官刺激的快樂，而是從內心深處發出來的，不依賴於外在的物質條件。這種快樂就像山裏的泉水，源源不斷地從內心深處流出來。不管社會怎麼變化，不管這個世界怎麼樣，他內心的信仰不斷地在支援他，不斷地為他提供快樂的資訊和源泉。

只有真正找到了歸依處的人，才是一個有力量的人；沒有歸依處的人，是浪跡天涯的游子，也無法真正地幫助他人。有了歸依處，有了力量，我們就可以幫助其他眾生，就可以真正利益一切眾生；沒有歸依處，很多時候我們想幫助別人，可能只是主觀的願望，當我們實際去做的時候，經常會偏離了出發點，在幫助別人的過程中迷失了自我，把自己弄丟了。要幫助別人、要利益眾生不是那麼簡單的事，需要我們有智慧、有主張。當我們自己有了信心與力量，才可以幫助別人。所以很多時候，我們不僅沒能幫忙，反而會給別人帶來麻煩。旭日集團的楊勳先生很通俗地說，我們學佛，首先要做一個不給別人添麻煩的人，其次是幫助別人解除麻煩——不僅自己不給別人找麻煩，而且有力量幫助社會、幫助身邊的人解除麻煩，那麼這就更進一步了，這就是菩薩道。

尚未進入佛門的人，可以思考一下這個問題，要找到我們的根。有人會說「我學就可以了」，而且要博採眾長，把幾種宗教彙集到一起，這其實是一種輕狂的表現。佛教有它源遠流長的歷史，實際上這個歷史還不僅僅是我們這一期人類的歷史，在人類的這期文明以前有佛法，在人類的這期文明之後還會有佛法。真理的生命是永恆常在的，是無始無終的。個人的小生命匯入真理的長河，那就是歸家。歸家，如同一滴水回到大海，一粒塵埃回到山的懷抱。一滴水如果不回到大海，很快它就會蒸發得無影無蹤；一粒塵埃如果只是隨風飛揚，也不知道會被吹到哪裏去，也許會刮到房頂上，也可能會刮到糞坑裏。當你找到了佛法僧三寶，找到了信仰，那你就找到了靠山，就像一粒塵埃成為山的一部份，永遠堅固。

我們要學佛，從在家人的角度來講，就是這三個知道。第一要「知止」，第二要「知足」，第三要「知皈」。知止很重要，如果我們不知止，就會浪費掉已經擁有的很多寶貴財富。人生有些事情是不可逆的，往往我們擁有的時候不覺得，失去的時候才知道，那時卻再也不能倒轉了。

二〇〇三年十月五日
晚於柏林禪寺普賢閣的開示

問題一

請法師開示甚麼叫「平常心是道」。

回答一

「平常心」這個說法淵源於禪宗，最早講「平常心是道」的是馬祖道一禪師。曾經駐錫過柏林禪寺的趙州禪師是唐朝末年的大禪師，他是馬祖道一的徒孫，而且他就是因為聽到「平常心是道」這句話開悟的。他問師父南泉普願禪師：「如何是道？」老師答：「平常心是道。」他就開悟了。當然他後面還有問話：「那我如何才能達到平常心呢？」老師回答：「你想達到就已不是平常心了。」這個平常心你如果想去達到它、把握它、認知它，你就抓不住它；如果你完全不去抓它，也抓不住它。把這兩邊去掉還有一條路。當下趙州禪師就開悟了，「心如朗月」。

禪宗講的平常心也就是我之前講的禪心，就是趙州禪師在一言之下開悟時的那種心態。從字面上看，平常的反面就是不平也不常，平常心也就是如如不動的心。日常生活中，我們的心都是隨外境生起種種情緒的波動、思想的判斷，隨外境而轉，被外境所統治、所主宰，這就叫「認賊作父」，又叫「賓看主」。本來我們的心是主人，是一輪明月，能照亮萬物，現在卻成了客人，被種種的外境牽着鼻子走了。我們在日常生活中的心態經常就是這樣。我們的心就像大海裏的水，一有勁風，就起伏不停，不能恆常地保持無風時的平靜。平常心是在任何境遇下都如是，一直如是：好如是，壞也如是；成功如是，失敗如是；禍如是，福也如是；生如是，死亦如是。這就是平常心。

這裏所講的平常心，是用比較通俗的說法來講，其含金量是大大降低了的。在禪宗裏，它不是那麼簡單。但是我們通過努力也可以認識到平常心，並且也能做到平常心。

問題二

和丈夫沒有共同語言怎麼辦？如果離婚再和別人結婚是不是犯戒？

回答二

以佛法來看，我們所碰到的絕不是偶然的，都是我們應該碰到的。你說這個問題當然有各種不同的解決方式，但如果從修行人的角度來對待這個問題，方式就不一樣了。當初你選擇他是你自己的選擇。你說我那會兒沒仔細看，為甚麼那時你沒有仔細看？為甚麼會看錯人呢？這都不是偶然的，都是有因緣的。兩個人走到一起，你要知道自己的選擇是有責任的，這一點很重要。我們經常是輕易地選擇，然後輕易地改變選擇。世間的人成家這件事，做選擇的雙方都是有責任的。這意味着你對他要負責，當然他也要對你負責。從每個人自己的角度來說，我們只要求照顧好我們自己，這就不夠完全了。我們應當要求自己對對方負責，同時也為自己負責。既然是以一種責任心去選擇了，就不應輕易改變我們的選擇，應把這個責任負到底。如果將生活中的一切都視為修行，那麼就應該這樣去對待這個問題。如果你覺得他的水準很低，可以把我們的水準勻一點給他，讓他和我們一樣高。這樣一來，這件事情本身就成為你自己不斷提高的一個題目了。作為一個修行人，解決問題的方法應該是這樣子。但從現在的社會來講，人們要離婚法律上都是認可的，在一般的世俗道德上也覺得沒有甚麼稀罕。如果你離婚以後再去跟其他的人在一起，最起碼不算犯五戒。

問題三

我有個朋友和丈夫離了婚，後來找了一個，發現和以前的丈夫一樣，犯同樣的毛病。為甚麼會這樣？這就是所謂的命該如此嗎？

回答三

其實這個問題我剛才已經講到了。我們輕易地選擇，然後輕易地改變選擇。我們總是輕易地改變選擇，但就是沒有改變自己。如果我們不改變自己的話，那個我們所想選擇的人一旦被選擇了，他就永遠跟着我們，並不是說我們離了婚，就會離開那個人。我們之所以會選擇那個人，並不是因為那個人，而是因為我們自己。我們離開了他，還會再找另一個他，找到的和原來的總是一樣的。總而言之，如果我們不改變自己，我們會一而再、再而三、三而四地、無數次地遇到「他」。我說一個修行人如果發現自己錯了，就認了這個錯，在這方面去向自己挑戰，就是這個意思。

離婚換人，以佛教的觀點來看，不是最智慧的辦法，嚴格地講這也是一種逃避，不是甚麼上策。當事人不是去改變自己，而是不斷地去改變外面的境界。佛教裏面有一句話：「愚人除境不除心，智者除心不除境」，就是說愚癡的人總是把心思用在境上，這個不好再換一個，他從來就沒有去改變自己對待事物的態度和方式，沒有在自己的心上去用功。因為他的心沒有變，他處理問題的方式沒有變，所以他就會無窮盡地再去召集這種因緣，拷貝和複製他的生活，不斷地重複過去的錯誤。

問題四

平常心是不是遇到甚麼就幹甚麼？是不是一切都順其自然、不需要特別的努力？

回答四

應該說你還沒有找到這個問題的答案，如果你真正找到了答案，你就不會問我了。確實如你講的，應該遇到甚麼幹甚麼。但是它也沒有那麼簡單，它是在你心裏面找到生活的真正意義之後，遇到甚麼就幹甚麼。

當然你遇到甚麼就會幹甚麼，但是怎麼幹呢？怎麼對待呢？必須是你自己有了主張，你對外境才不會特別挑剔，你在任何地方、任何時候都能實現自己的價值，都能放光。平常心不等於甚麼都不需要做，肯定是還要努力的。

問題五

佛教的戒律那麼嚴格，如何守得住呢？

回答五

釋迦牟尼佛給我們的教法沒有指令性，說我們必須怎麼樣。我們講戒律好像是指令性的，其實也不是，戒律靠的是自覺。自覺接受了以後，佛陀就給我們講道理了：如果你這樣，結果就會那樣；如果你殺生，你就會這樣這樣。他是把一切分析給我們看。因此呢，每一個人應為自己的選擇負責任，改變選擇也要為改變這個選擇負責任。這些道理不是指令。如果信仰佛法、信仰佛陀，我們可以在生活中去體會它，體會一下是否就是這樣。如果體會到了，我們就會自覺地去做。佛教裏把佛講法叫做「開示」，意思是把已經有的東西打開來讓我們看。佛陀講法，他不是給我們下達一些命令，一定要這樣，或一定不能那樣，他只是告訴我們說：如果你這樣會怎麼樣，如果你那樣會怎麼樣，然後你自己看着辦，他是很民主的。

學禪五感

學禪五感，這樣一個題目開頭便錯。為甚麼呢？因為學禪不是去尋找某種感受。佛學裏講「有受皆苦」，只要是感受都是苦。但是說話總得有一個由頭，所以我想了幾個由頭，冠之以這樣的題目，作為跟大家交流的一個方便。

接觸禪學的人經常會問甚麼是禪。「禪」這個字是梵文音譯，全稱「禪那」，是佛教中最核心的修行方法，意思是靜慮——安靜狀態下的思維和觀察。佛教傳到中國以後，經過一段時間的流變，和中國文化相融合，出現了禪宗。禪宗亦被稱為佛心宗，是中國佛教的核心和精華，在歷史上曾經非常地興旺和發達。禪宗之「禪」，含義跟「禪那」不同，指的是智慧的心。如果你問禪宗的人甚麼是禪，他會說禪就是心，因為一切眾生心裏都有智慧。同時禪也可以指獲得這種智慧的方法和得到這種智慧之後的境界。

「五感」其實不僅僅局限在學禪，應該是包括了在整個學佛過程中都有可能會發生的情形。

第一種感受——歸屬感

我們學佛、學禪，首先會遇到一個問題，就是歸屬的問題。歸屬幾乎可以說是人作為個體的一個普遍的需求。在古今中外的文學作品、哲學著作裏面，我們會一再地碰到對人類、對個體的人在生命旅途中孤獨處境的思考。唐朝詩人陳子昂有一句名詩：「前不見古人，後不見來者，念天地之悠悠，獨愴然而泣下。」這句詩寫出來，肯定也有詩人自己當時的一些生活背景，但是他也從形而上的角度，描繪出一個個體的人來到這個世界，那種孤獨、愴然的感覺。天地廣大，時空無限，個體的人幾乎是被動地來到這個世界，他的歸屬在哪裏呢？

《大乘無量壽經》裏有一段話，也描繪了人的這種處境：「人在愛慾之中，獨生獨死，獨去獨來，苦樂自當，無有代者。善惡變化，追逐所生，道路不同，會見無期。」這段話很有文學意境和哲學深度，這裏面有四個「獨」：「獨生獨死，獨去獨來」，我們來到這個世界，沒有人給我們做伴，是「獨」的；死的時候更不會有人陪我們死，所以佛教裏有一句話叫「萬般帶不去，唯有業隨身」。人死的時候，甚麼都帶不走，只有我們過去所做的善業惡業——當然這個業是投射在我們內心的——會跟隨我們到下一世。其實人生的「獨」不光是這四個，你做很多事情，你的感受只有自己知道，創業的艱辛、很多的問題都要你自己去面對。生病的時候沒有人能代替你痛，即使是孝子孝女也不能，所以說「苦樂自當，無有代者」。《地藏經》裏也有這樣的話，「父子相逢，無肯代者」，就是說即使親如父子，但是人生的一些遭遇、感受也沒辦法互相替代。

關於人的孤獨處境，西方哲學家也有很多表述，像存在主義哲學所描述的人是很可憐的。這樣一種處境下的人，他必然會有尋求歸屬的需要和行動。我把這種歸屬概括為族姓歸屬、團隊歸屬和終極歸屬。

族姓歸屬是指我們的家庭、血緣、宗族，還有你所置身的種族。中國古代的家庭和現代有很大差異，古代的家庭非常之大，所以《大學》裏講「修身齊家治國平天下」，那時候要齊的「家」，不是我們今天三個人、兩個人的家，那是一個很大的家族，從《紅樓夢》裏可以彷彿見其一二。在那樣的大家庭裏，一個人在成為社會人之前，已經先在家裏接受了道德訓練，乃至很多非智力因素的培養，比如處理人際關係、合作能力與協調能力等等。

人的歸屬需求首先表現為對家庭的依賴，對自己所出生和置身的族姓在思想感情上的依賴。事實上，我們所出身的族姓和家庭是我們來到這個世間的第一個學校，它確定了我們基本的氣質和價值觀，還有思想感情的基本格局。在外面上班時，不管多累，一旦你想到後面還有一個家可以退守，那你的心裏就會增加一點力量。所以，以家庭為歸屬是比較普遍的現象。

團隊歸屬是人類在社會生活中為了對抗孤獨、實現歸屬感的需求。這種需求也來自於自身的不安全感和自我保護意識。總之，出於種種精神層面和物質層面的需求，便組成了各種團隊，可能是黨派、俱樂部，或者是某種愛好者協會、保護者協會、行業協會、權益協會等等。通常我們會找一個跟自己愛好相投的群體，經常在一起談足球，喝茶，討論書法等等，你總會找到這樣一個團隊。可以說，一個完全獨立不倚的人，如果不是魔鬼的話，他一定是聖賢，因為通常人都會有種種歸屬、種種社會關係的牽連。

但是，族姓歸屬和團隊歸屬仍然不能解決我們內心的問題，所以人還有另外一個更深層的歸屬需求，我稱之為「終極歸屬」。宗教信仰就是解決生命終極歸屬問題的。終極歸屬究竟是一個甚麼問題呢？它具有普遍性嗎？佛教把這個問題表達為「生從何來，死歸何處」、「生我之前誰是我，生我之後我是誰」、或者「我究竟是誰？到底為甚麼活着？」這樣一些問題。

前面的兩種歸屬，比如說家庭歸屬，是形而下的生存層面，是為了獲取生存資源、得到保護和安全感；團隊歸屬則是為了獲得人際交往和發展空間。而終極歸屬超越了這兩個層面。我們可以看到，在信仰的團隊裏，任何身份的人都可能走到一起，這其實意味着，終極歸屬超越了我們世俗生活各種層面的需求。當然在一個圍棋愛好者協會裏，也可能有老闆，有學生，有官員，但還是有一個東西維繫了它，就是對圍棋的愛好。那麼終極歸屬的團隊，其成員的共同點跟愛好圍棋有很大差異，跟我們經營產業、行業協會有很大差異，其共同點在人生的終極問題——價值、意義、對生命的一些基本看法，在這些地方觀點一致，大家就會走到一起來了。

當我們的生命處於「極限狀態」的時候，終極歸屬就凸顯出來了。甚麼是極限狀態？前面兩個歸屬已經沒辦法幫你解決問題了。雖然你參加了一個企業家協會，但是當你遇到一個特別危險的情況，你會怎麼說呢？你會說：「啊，我的天哪！」而不是說：「啊，我的企業家協會呀！」當然我們中國人會說「啊，我的媽呀」，這個呼喊也帶有宗教意味，絕對無私的母愛接近於宗教的大愛。因此，東西方宗教裏都有母愛這個主題，實際上接近於終極歸屬。「我的天啊」可能是中國人用得比較多的，在儒家的體系裏面，「天」也是經常被抽象為一個終極背景的。當我們的生命處於邊緣狀態的時候，我們向誰去呼救，以獲得力量和支持，就是終極歸屬需求的一個表現。

所以我們要學佛、要了解佛學和禪學，如果你不只是停留在知識層面的了解，而是用生命去了解，那麼「皈依」就是第一步，是一個起點。甚麼是「皈依」？皈依就是對終極歸屬的選擇與認同。在這個意義上，我們看到佛教或者禪學屬於宗教的一面。它是宗教，所以我們要信仰，要皈依。

終極歸屬的選擇與認同

依信仰而建立的皈依，是對我們生命價值的選擇與定位，也是身心的託付與安頓，是短暫人生最快捷的學習路徑和智慧繼承之道。皈依，是內心對一個終極歸屬的選擇和認同。皈依的內容就是佛、法、僧，即「三皈依」，佛教徒將佛、法、僧譬為人間的珍寶，所以也叫皈依三寶。皈依三寶所發生的是「信」的力量，由「信」的力量來認同佛、法、僧。這正是一個孤獨的跋涉於生死旅程的個體，對自己身心的終極安頓。這是從根本上的安頓，不是通過一個協會或一個家庭能夠解決的。

皈依也是我們短暫人生最快捷的學習路徑。這就是說，宗教這種社會現象、這種事物，既是人類認識世界和自身的一種方法和途徑，同時也是人類傳播文化、傳承文明和智慧的一個有效方法。其傳播和傳承依「信」而發生，是在終極歸屬的意義上解決的，因此非常快捷。相當於在一個很短的時間內，非常清楚地提供給你一條路線和一個地圖。令我們少吃苦頭、少走很多冤枉路。信仰不僅給了我們信心和勇氣，而且使我們的生活之路剎那變得明晰和簡單，因此節省了很多資源。生活之路簡潔，人就單純；單純，就有力量。這是佛教「皈依」的意義。要選擇「三皈依」作為我們的終極歸屬，首先在心裏要認同佛、法、僧三寶。

佛是梵文音譯，譯成漢語是覺者，即覺悟的人，全稱「無上正等正覺者」；法，是宇宙人生的事相和真理。事和理是統一的、遍一切處的。法在佛學裏分兩個層面，一個是俗諦，一個是真諦。真諦的法是遍一切處的，在一切事物中發生着作用；俗諦的法很具體，比如打坐的方法、關於因果的講法等等；僧，也是梵文音譯，意思是「和合眾」，是出家、清淨持戒的團隊。

皈依佛、法、僧三寶，就是佛教徒在內心所確立的終極歸屬。前面講過，信仰是我們選擇和認同終極歸屬的一種方法，也是獲得人生智慧的一個捷徑。它很快，但是有風險，萬一選錯了怎麼辦呢？比如有的人選了邪教，那就麻煩了。實際上佛教裏討論過這個問題，在選擇終極歸屬的時候，你要先進行一番考察。

也許有人會問，皈依是不是皈依於外在的事相？如果是，我為甚麼要把自己交給一個外在的事相呢？事實上，佛教的「三皈依」沒有那麼簡單。佛、法、僧三寶的內涵既包括了外在的事相，也包括了內在的理體，而外在的事相與人心內在的理體是分不開的，因此對外在「三寶」的皈依不是目的，皈依的根本目的是要引領我們回歸自心本具的佛、法、僧三寶，也就是覺、正、淨三德。但是，要回歸自心本具的「三寶」，只有少數人可能可以直接從內在開始，對於絕大部份人和眾生來說，要先從皈依外在的三寶開始。而且到最後，內在和外在也不可分了。

事相層面的意義，古來大德們也有很多解釋。最通行的是唐朝高僧道宣律師的解釋，他把三寶分成四種：一種是化相三寶，就是釋迦牟尼佛時代，釋迦牟尼佛是佛寶，他講的法是法寶，他座下的阿羅漢弟子是僧寶；第二種是住持三寶，是釋迦牟尼佛離開這個世界以後的三寶。甚麼是佛寶？——佛像。甚麼是法寶？——經書。甚麼是僧寶？——出家人；第三種是理體三寶。皈依佛，不是皈依釋迦牟尼佛的身體，而是皈依他生命的功德。皈依法，是皈依宇宙人生的法則。皈依僧，是皈依聖賢僧的功德；第四種是一體三寶，是說三寶就在我們每個人的內心，自心本具。

禪宗偏重於三寶「理」的一面。事實上，在釋迦牟尼佛完整的教法裏，事相的「三皈依」是基礎，由這個基礎慢慢地導引我們回歸到自心本具的三寶。這是一個過程，是一個通過實踐和自我認識而發生的過程。因此，我們在佛經裏經常可以看到釋迦牟尼佛後來的教導，他說在三寶裏法最重要，所以《華嚴經》說：「以法為依，以法為救，以法為歸，以法為舍。守護法，愛樂法，希求法，思惟法。」三寶裏的「法」就是真理，是宇宙人生的根本。佛經裏同時也講「四依」，其中的第一個就是「依法不依人」。這是佛教跟有些宗教不一樣的地方，它不以神格、不以某一個超人的人格來確立信仰，而是以宇宙人生普遍的法則來確立。所以佛經裏也有講，佛也是以法為師的，佛也是依真理而建立、依法而住。法是佛之母，佛這樣一個覺者的人格是從真理中誕生的。

既然真理為我們終極的皈依，那麼真理是平等的；佛陀是一個實現了宇宙真理的人，他是完全將自己生命的價值實現和開展的覺者。如果我們也能開展，也能實現宇宙人生的真理，我們也是佛。所以佛教說：「心、佛、眾生三無差別。」最終的皈依在哪裏呢？《大寶積經》中說「自為洲渚」，「洲渚」是佛經裏常用的一個比喻，比喻生命的輪迴像大海一樣，我們在大海裏漂流，如果遇到一個小島，那就是我們的救星。「自為洲渚，自為歸處」，不以他人為歸處；「法為洲渚，法為歸處；無別洲渚，無別歸處」，在這裏我們可以看到佛教「依法不依人」的平等精神。

通常我們說要拜佛，要皈依佛、皈依法、皈依僧，最終目的還是要在自己生命的本份上去發現和實現法，實現真理。如果能這樣做，你就是自己最真實的皈依處，所以《思益梵天所問經》裏說得更徹底：「不得佛，不得法，不得僧，是名歸依佛、歸依法、歸依僧。」這句話說明甚麼呢？說明皈依三寶是我們步入佛法真理的起點。剛開始你是拜外面的佛，當你真正在自性上實現了法，起點落實了的時候——即那個向外歸屬、向外依賴的需求真正得到了實現的時候，同時也是起點被超越的時候。那才是真正的皈依，所以說「是名歸依佛、歸依法、歸依僧」。

禪宗經典《六祖壇經》裏說：「自心歸依自性，是歸依真佛。」當然我們現在的人有時候會顛倒，因為我們還沒到達這種境界。前面所描繪的框架，有一個漸進和增上的過程。「三皈依」對絕大多數人來說，有一個由外及內、因外而內——因外在的皈依而啟發內在的智慧、最後內外一如的過程。三皈依是信仰的建立，而最終引向信仰的落實與超越。在佛教這裏，信仰被落實的時候，也是它被否定和超越的時候。它是道，也是果：道是道路，果是到達。它是終極歸屬由高明而中庸、由彼岸而此岸的過程。

前面講到終極歸屬是解決生命的終極意義、終極價值問題的。一個個體的人，在生死旅途中要尋找那崇高的目標，要「託高明」——這是借用儒家的話，很高明的東西最後它是在腳下的，當你最後落實的時候，它就不是很高了，就在腳下。由彼岸而此岸，落實到你的現實生活，落實到你每天的所作所為，形而下的此岸生活裏，就有了終極皈依、終極歸屬的光芒。禪者的歸屬感，正是這種終極歸屬落實的結果。

因此，學禪五感，第一個就是歸屬感。歸屬感不應該是寄託於彼岸世界的，而應是落實在當下的。我們在禪師語錄裏可以感受到，禪師們的終極歸屬問題就在此時此地當下解決了，所以臨濟禪師說「隨處作主，立處皆真」。隨處作主，隨便在哪裏，他都能做自己生命的主宰；立處皆真，立於佛殿是真，立於大街也是真，在寺院裏是真，在公司裏也是真。究竟是不是真呢？這取決於那個主人，取決於你的內心。有學人問趙州說：「學人擬作佛時如何？」——我想做佛的時候怎麼樣？趙州說：「太煞費力生」，太費勁了。這人又問：如果不費勁又怎麼樣呢？他答：「與麼即作佛去也。」——不費勁，那你就做佛吧。你本來就是佛，你體認了自己「本來就是」，那就不費勁。

趙州禪師也有這樣的開示：「金佛不度爐，木佛不度火，泥佛不度水，真佛內裏坐。」金屬做的佛在爐子裏一燒就沒有了。這句話是說，不管用甚麼材質做的佛像，終究是會毀滅的，只有我們內在的佛性這尊真佛，才是不生不滅的。最後一句也非常典型地描述了禪者的內心。當終極歸屬問題解決以後，「途中即家舍，家舍即途中」，禪者非常地自信與安穩。此後在你的每一步、凡所立處都是真實，不用再向外去尋求。這種歸屬感，會給我們內心帶來極大的解放、極大的放鬆。禪師有這樣一句話：「放身捨命處」，我們的身家性命可以在那個地方放下來，可以託付、歸屬在那裏。

禪者是落實了終極歸屬的人，在自己生命中親證宇宙人生的法則，而成為一個真正意義上獨立的人。他的心情不再依倚、憑藉任何團隊以及社會輿論、群體意識形態，從種種的名相概念裏解放出來，完全發自自心，獨立不倚。這時候，他自己就是自己的導師，自己就是自己的法則，所有道德層面以及其他種種層面的意識形態，已經不能再約束他了，他已經不按那些去行事了：「常獨行，常獨步，達者同遊涅槃路。」他外在的表現可能是順乎我們的輿論和道德準則的，也可能是逆乎我們的輿論和各種價值觀的，他的行為方式有可能是跟主流價值觀相悖的。在這裏，我們普通人是沒辦法去措辭和評價的。《首楞嚴三昧經》中說，除非你是佛，否則你不要評價他人，評價他人枉受其傷，因為你會評價錯。其實在基督教的《聖經》裏也有這樣的說法，當時有一個妓女，大家都歧視她，耶穌說，你們任何人沒有資格審判她，你們誰有資格審判她呢？所以歷史上對很多人物的評判，只能是從某一個角度、用某一種價值觀去評價，真相究竟如何，不得而知，在這裏恐怕要存一份敬畏之心。

第二種感受——聯接感

聯接感和歸屬感看起來有接近的地方。甚麼是聯接感呢？現在電腦發達，有另外一個詞「鏈接」，我們可以定義為一個層面上的；而聯接是和比我們高的對象、跟一個超越層面上的生命或精神的貫通。一個人有作為人的內涵，也有超越於人的內涵、超越於人自身的價值，所以他可以與高層次的生命或精神聯接及溝通。我把這種聯接分為兩種，一種是價值聯接，另一種是身心聯接。

佛經裏經常用一個詞「十方三世」。十方是空間，指四維上下；三世就是過去、現在、未來。茫茫無邊的宇宙，在浩瀚的歷史長河中，在無量無邊的生命群體裏，我們怎樣聯接，跟甚麼樣的價值發生聯接呢？佛經裏常有這樣的話，「過去諸佛已說，現在諸佛今說，未來諸佛當說」，這就是講一個法、一個真理、一個價值，它在時間軸上的聯接——過去的覺者們講過，現在的覺者們正在講，未來的覺者們還會講。佛經也說，「過去諸菩薩已學，未來諸菩薩當學，現在諸菩薩今學」，這條路是過去有人走過的，未來還有更多的人走，現在有很多人同時在走，這也是學禪、學佛的一個價值聯接。

佛教裏特別重視傳承，重視自身的價值聯接，這個傳統實際上也影響了中國的儒學。宋明理學的很多理念乃至修養方法，包括它所建立的哲學體系，都受啟發於佛學及禪宗。有一點很明顯，他們開始建立儒學的道統——佛教叫「法統」，也建立了他們的價值在時間軸上的聯接：孔子的道傳給了子思，子思傳給孟子，後來就中斷了。到了韓愈，開始討論這個問題，韓愈並沒有說他就是聯接的那一環，但是他提出孔孟之道是有傳承的。我們知道，韓愈是了解禪學的。跟韓愈同時代的李翺跟他思想也接近，更是經常去拜訪一些禪友，也學禪。可以說宋明理學建立道統的理念和做法是受到禪宗的影響。

禪的價值在時間軸上的聯接有一種延續性，因此比較完整和系統。拈花微笑的公案開啟了禪的先河。釋迦牟尼佛在靈山會上拈花示眾，迦葉破顏微笑，於是佛就把禪之心法傳給了迦葉。但是我們從佛經裏，包括在《妙法蓮華經》裏，還可以獲得另外一個視角：在無窮盡的過去、現在、未來的時間長河中，我們這個世界的釋迦牟尼佛也只是這個價值聯接的一個環節而已，他也聯接着過去諸佛，將過去覺者的法聯接到現在。所以禪的體驗和修行重視這種聯接，表現為重視師承、重視師父的印證與印可。

對於學禪的人來說，更重要的是在日常生活中能夠直接體驗到、感受到生命那超越的價值，所以禪師說「搬柴運水，無非妙道」。信仰最高的境界，就是你能在日常生活中把那最超越的價值落實。所以我們的師父淨慧老和尚用一句話來概括：「將信仰落實於生活，將修行落實於當下」。當下的此時此地，讓它和過去、現在、未來的覺者發生聯接。

身心聯接屬於修行體驗。禪宗早期一部非常重要的經典《楞伽經》裏有這樣一段話，「能見自心妄想流注，無量剎土諸佛灌頂，得自在力神通三昧」，這是在修行中發生的真實體證：能見到自心的很多念頭像水流一樣。此時，這一個獨立的、個體的身心和一個更廣大的世界發生了聯接——「無量剎土諸佛灌頂」。「灌頂」是古印度太子繼承王位的時候，國王用一個瓶把海水澆到太子頭上，表示從此以後太子就獲得了王位，後來佛教裏借用了這個詞。一個師父給你灌頂，相當於你從他那裏得到關於法的傳承、法的聯接。這段話裏所說的灌頂，是指修行者的身心和諸佛的世界發生聯接，相當於他的生命進入到一個佛菩薩的族姓裏面，所以《華嚴經》裏有這樣的句子，

「人於如來種姓」。修行人當他突破了某個點的時候，就進入到佛菩薩的家族了，這個家族歡迎他。灌頂就是這個意思。

太虛大師的文集裏面有一篇〈我的宗教體驗〉，也講到他幾次在閉關的時候所發生的身心和諸佛、諸聖賢相聯接的感受。在禪師的表達裏，這種聯接就更加生動活潑了，比如說「三世諸佛在老僧的拄杖頭上放光動地」等等。

第三種感受——統合感

我們所生活的世界是一個對待的世界，在哲學上叫「二」，「二」的統一叫「不二」。是和非，有和無，來和去，得與失，利與害，好與惡，美與醜，你和我，賓和主，能和所等等，都是二。反正只要我們一動念頭，一定是一個分別，一定是對待的，也即是二。那麼禪呢？它給我們的生命帶來統一，將「二」統合起來。所以從禪師語錄裏，我們可以看出禪師的這種統合感——身心的統合、自他的統合以及心與物的統合。

趙州禪師有一個柏樹子公案，有人問：「如何是祖師西來意？」「祖師西來意」是禪宗裏的一個經典命題：達摩祖師從印度到中國來，他為甚麼來？他帶來了甚麼？

這個問題相當於說，達摩祖師的心法是甚麼？趙州和尚的回答是：「庭前柏樹子。」「子」是一個助詞，實際上就是庭前柏樹。來人又問，我問你如何是祖師西來意，你為甚麼說庭前柏樹呢？你為甚麼拿外面的境物來回答我呢？趙州和尚說：沒有啊。這個人又問：「如何是祖師西來意？」趙州和尚說：「庭前柏樹子。」在這個問答中，我們能感受到趙州祖師與萬物渾然同體的心態和境界。在他那裏，心和境不是對待的，是統一的。今天，趙州禪師說過的柏樹還在，但是我們看的時候，沒有他那種統一感，柏樹是柏樹，我們是我們，古人叫「打成兩截」。

宋朝的時候，有一位儒學家周敦頤跟佛印禪師學過禪。他學禪也是像我們現在一樣，搞不明白，很納悶。有一天，大概是春季，他打開窗子看見庭院裏的草綠了，當時脱口而出：「恰似自家意思一般。」庭院裏長出來的春草就像是自己的心，這也是一個自他的統合、心與境的統合，雖然是口語，但是很生動。

在很多禪師的語錄裏，他們的問答經常是違背邏輯的。「庭前柏樹子」就已經有些違背邏輯，還有一個典型的偈子，把這種矛盾都統合起來了：「空手把鋤頭，步行騎水牛，人從橋上走，橋流水不流。」[1] 很多人揣度這個偈子說的是甚麼。空手和拿鋤頭是矛盾的，步行和騎水牛也是矛盾的，人在橋上走的時候，怎麼會橋流而水不流呢？這裏列舉的都是矛盾的兩端。

禪師語錄裏這樣的話特別多。「納須彌於芥子」，怎麼講？須彌山很大，先不說須彌山，就說喜馬拉雅山吧，裝在一粒芥子裏面，這是一個統一。我們在眾生世界的這種分別、對待在禪那裏是統一的。還有更奇怪的，比如說石家莊有一頭牛，北京有一匹馬，石家莊的牛吃草，北京那匹馬肚子脹。這也是說統合。

通俗地說，眾生的心有一個對待的層面，像前面所說的，有和無，是和非，空手和拿東西，步行和騎牛……我們透過這個對待分別的層面，會達到生命的統一層面，如同大海一樣，上面波濤起伏，要是深入到大海深處，會發現那裏很平靜。眾生世界也是一樣，我們在某一個層面的時候，你就是你，我就是我，得失、是非、利害、美醜、好惡這一切全是對待層面的，如果我們永遠只是生活在這樣一個層面，那就慘了。禪是幫助我們透過份別心的層面，而達於統一的層面。到那個時候，語言概念、分別邏輯被超越了。一和多，同和異，這一切都被超越了。

禪的統合，實際上是說所有的對立在我們心的某一個層面是統一的。有位禪師有一段有名的話，描述了自己進入禪境、體證了禪之後「自他」的統一：「盡十方世界是沙門眼，盡十方世界是沙門全身，盡十方世界是自己光明，盡十方世界在自己光明中，盡十方世界無一人不是自己。」[2]你看這整個的空間、自他、身心和外境都統一了。我們理解了這一點，看禪師們的問答和對話就方便了，禪師只是把他那種身心統合的狀態展現出來，所以他的回答是問此答彼。《楞嚴經》裏所說的「於一毫端現寶王剎，坐微塵裏轉大法輪」，還有「一花一世界，一葉一如來」這樣的佛語，都是描述了禪心的統一。

第四種感受——滿足感

禪給我們帶來的滿足是自足，不依賴於外境，不是得到一個甚麼東西所帶來的滿足。凡依賴於外在而得到的滿足是短暫的，只有體證自己生命中本有的財富，那種

1 傅大士所作。傅大士本名傅翕，梁武帝時代的人，是「中國禪宗」尚未開始之前的一位禪師，先為漁夫，後來捨漁而務農耕。

2 引自《景德傳燈錄》卷十。

滿足才是永遠的。所以有些禪師的作略顯得無拘無束，那正是他滿足感的表現。唐代李翺是學禪的，經常跟藥山惟儼禪師交流，他有一首詩描述了師父的境界：「選得幽居愜野情，終年無送亦無迎。有時直上孤峰頂，月下披雲嘯一聲。」有的書上是用「笑」，其實這個「嘯」比較好。藥山惟儼禪師晚上有時候沒事了，自己爬到高高的山頂，在月下長嘯一聲，嘯聲直達九十里外。九十里以外的人聽到，第二天早上大家就問這個聲音是從哪裏來的，依次問，最後問出是從山上來，是老和尚的嘯聲。這嘯聲體現了禪者自在無礙的境界。

禪的心態永遠是滿足的、永遠是感謝的，一切的境界、一切的事情都能接受，面對面地接受，帶着感恩去接受。有這樣的心態，我們就能成為生活的主人，而不是被生活牽着鼻子跑。

第五種感受——新鮮感

新鮮感這個問題其實不大好說清楚，涉及到佛教裏經常講的一個詞——「清淨」。甚麼是「清淨」？這個詞很容易被誤解。《楞伽經》有一段話說：「若修行者修行，入如來自覺聖趣，離于斷常、有無等見，現法樂、正受住，現在前。」「如來自覺聖趣」在同一部經裏有時又叫「自心現量」。前面提到我們的心像大海一樣，分別對待的那個層面就像大海的波浪；超越了分別對待、達到統一的層面就是大海深處的平靜。佛教把分別層面稱為「識」，統一層面稱為「智」；識分別不停，智恆常觀照。《楞伽經》裏將智的層面稱作「自心現量」——如果你證入到「自心現量」，你就離於斷、離於常、離於有、離於無，離於種種的對待；「現法樂」，你現在、當下的樂，當下的善，這是佛法很重視的；「正受住」，體驗到了正受，並且能夠保持。在正受中，生命的每一刻都是獨一無二的，每一件事都是第一次、都是新鮮的。這裏面沒有概念，沒有判斷，沒有情緒的好惡，那時候心直接接觸了事物，在佛學裏就稱之為「現量」——自心現量。一旦你落於分別，落於依某一個出發點來做判斷，那就叫染污。前者即是清淨，後者即是染污，不一定說髒的東西就是染污，只要你一有分別，就是染污。這種現量的境界，就是我們所說的新鮮感。

《楞伽經》裏還有一段話，講到我們凡夫的生活：「愚夫計着俗數名相，隨心流散。」這個「心」就是識分別心。「流散已，種種相像貌，墮我我所見，希望計着妙色。計着已，無知覆障，故生染着。染着已，貪恚癡所生業積集。積集已，妄想自纏，如蠶作繭，墮生死海……」我們依種種分別心名相，被牽着鼻子走，於是我們的心就流散了，處於對待的世界裏面。有我、我所見，我想要、我不想要，我喜歡、我不喜歡，處於這種對待的格局。由對待的格局又生出種種的希望和渴求，就是這裏所說的染着。然後為渴求所驅動，又去造作種種的業，就像一個蠶不斷地吐絲把自己捆縛在其中，已經遠離了事物的真相。所以有時候我們說「真煩」，或者說「沒意思」，其實就是沒有新鮮感了。

有人到寺院來，問我們，你們每天早上唸的經都是一樣的，覺不覺得枯燥啊？其實每天唸一樣的經，然而你不覺得枯燥，這就是你的功夫。這只有在甚麼情況下才能做到呢？就是你唸經的時候，根本沒想到是不是一樣的經，全力以赴、沒有任何概念和分別情緒在中間，直接用心去唸那部經，這樣你每次唸都是新鮮的，不會枯燥。所以新鮮感是自心的無分別心被開發出來以後，無分別的境界在生活這個平台上顯現的結果。生命中的每一刻都是奇蹟，都是獨一無二的、奇妙的。在每一件事情上，都有一種敬畏心，有一種佛教所說的不可思議。當下這一刻、當下這一幕，直接去感受。

趙州和尚有「吃茶去」的公案。有一個人來，趙州和尚問：「來過嗎？」他說：「沒來過。」「吃茶去。」問第二個人：「來過嗎？」「來過。」「吃茶去。」第三個人說：「怎麼這兩個人都吃茶去啊？沒來過的吃茶去可以理解，來過為甚麼也吃茶去呢？」趙州和尚叫了他一聲，他答應了，然後趙州和尚說：「你也吃茶去。」這個公案描繪了禪者生活在自心現量的境界裏，這些問答都是趙州和尚自心現量的流露。

學禪五感，不過是一個話頭，借以說明大家如何認識「禪」，「禪」究竟在說甚麼問題，在修行上它要解決的是甚麼問題。事實上，「禪」是不重感受的，如果臨濟禪師在這裏，當場會把我罵得狗血淋頭。從純粹的禪的角度出發，我講的這些都是廢話，不過因為大家覺得禪很深奧，所以用這些話來拉近我們跟它之間的距離。禪真正是甚麼滋味，要靠每個人自己去體驗。

二〇〇八年三月二十二日

於河北省佛學院禮堂對來自北京大學的企業家、學子和北大禪學社成員的開示

問題一

《金剛經》裏說「應無所住而生其心」，那為甚麼寺院裏有很多佛像，是不是也有所住？

回答一

你問了一個很重要的問題。佛教有個別稱，叫「像教」。我們在很多佛經裏也看到「不要住相」，那為甚麼佛教又到處是像呢？這裏面有很多因緣。前面我講到「統合」，佛教講「心物統一」，就是說心不是孤立的。佛教把人的生命做了分析，我們認識事物有一個感官管道，就是眼、耳、鼻、舌、身、意；接觸六種對象——色、聲、香、味、觸、法；在這六個感官管道裏有六種分別的能力，叫眼識、耳識、鼻識、舌識、身識、意識。所以我們任何一個心態、任何一個思想情緒的產生不是孤立的，它是先由感官接觸外界，然後心裏產生分別，然後出現思想情緒的波動、變化，這是我們生活的現實。

佛教運用形象、音聲，包括這些雕塑、畫像，以及晨鐘暮鼓等等，恰恰就是調用了我們的感官管道，由外及內，來薰陶我們的心，轉化我們的氣質。這既是佛法傳播的一種手段，也是佛教開展教育的一種藝術。佛教開展教育，開展對眾生的影響，不是抽象的，一定要有感官的接觸，有所見、有所聞，乃至有所嗅，然後把我們帶入到這種境界裏去。你在寺院裏生活，日聽晨鐘暮鼓，日見大殿佛像，日聞檀香氤氳，這是一個完整的身心轉化和薰陶的過程。「像教」的意思就是這樣。所以佛教所說的教化不能落空，要通過這些外在的有相的、可操作性的東西來落實。

問題二

《金剛經》裏又説「若菩薩有我相、人相、眾生相、壽者相，即非菩薩」，還有「若以色見我，以音聲求我，是人行邪道，不能見如來」，那我們在拜佛的時候，比如我在拜泥菩薩，拜這個「相」，我是否就是「是人行邪道，不能見如來」？

回答二

其實前面我已經講了，皈依外在是要引導我們回歸到自性、回歸到自心。對於絕大多數人來説，他要借助於這個外在經驗回歸到自心，他不能憑空。所以拜佛、拜泥菩薩是眾生的需求，佛菩薩沒有這種需求。佛菩薩的像在這裏起到一種符號的作用，我們通過禮拜或上香等儀式，來表達內心的信仰。通過表達來強化我們的信仰，這個過程本身是一個訓練的過程，是一門教育的藝術。

問題三

佛教對我們來說太神秘了，儘管我們周圍也有一些寺院，但是畢竟沒有深層次的接觸。在我的感覺中，佛教徒應該是用一種出世的態度來對待生活，我不知道您在出世和入世之間是如何把握的？

回答三

出世和入世是甚麼意思呢？恐怕不同的人有不同的理解。其實你出家以後在寺院，你還是要吃飯的，還是要跟社會接觸，甚至你也要依賴於社會，你還要回報社會，你離不開社會，所以出世和入世不是截然分開的。更多意義上，人們用這個詞是指一種心態吧，是不是？出世，就是一種比較能放得下的心態；入世，是一種比較汲汲於功利的心態。佛教的教義是這樣說的：你要恪盡職責，同時又能放得下，心無掛礙。

美學家朱光潛說過一句話：「以出世之精神，做入世之事業。」這句話很好。意思是說，你做入世的事業，認認真真去做，同時心是自在的，不會陷溺在裏面。我現在把這句話倒過來，用來激勵自己：「以入世之精神，做出世之事業。」甚麼意思呢？我所做的事情是佛教，是宗教信仰領域的，屬於出世的事業，但是我對待它，要像世人對待他的生意、財產、事業那樣認真、那樣盡職盡責。這是我自己的一個態度。

問題四

怎麼理解中觀的「不着兩邊」？怎麼理解「三輪體空」？

回答四

第一個問題其實前面也講到了，就是統合，統合恰恰也是讓你把兩邊放下，你的心還有執着，就「兩邊」了。禪的方法是讓你在兩邊走到極限，沒有地方可走了，就能在心靈上獲得一個突破和昇華，那是真正地落實在自己的心態和受用上的。「三輪體空」講的是「佈施」，是說對能施的人、所施的對象、所施的東西這三個環節你都不要執着。

問題五

現今的中國缺乏宗教教育，我自己的家庭也沒有宗教背景。作為一個當代讀書人，接觸外界主要是靠知，而信仰是信的方向，所以從知到信這個過程我覺得挺難把握的。佛教所說的一些理論，感覺有貼近的地方，但是也不敢確信自己的心中有信。那麼從知到信這個轉變要怎麼把握？

回答五

這個過程不需要去把握，它是發生的，它會發生。信仰發生的時候，就跟春草長出來的時候一樣，停不下來的。所以現在如果你覺得你的「信」還沒有發生的話，你也不要着急。在佛教這裏，你有很大的餘地。因為佛教不是特別單一地強調信，它既強調信，也強調智，它是智和信的統一。信因為智而提升。剛才我講到「皈依」，因為智慧最後落實而超越了信，便達到了信和智的統一。所以不要着急。

問題六

怎樣才能有效地減少欲望、降低煩惱？修煉甚麼樣的心法才能破我執？

回答六

怎樣才能減少欲望？我覺得在佛教裏是這樣的，你把你的「欲望」再無限地擴大一點。我們的「欲望」一定是太小了，所以困擾我們。學佛，是要把「欲望」無限地再擴大，那麼這個「欲望」是甚麼呢？是你要認識宇宙人生的真相，要幫助所有的眾生，這是一個大的「欲望」，佛教稱之為「菩提心」。如果菩提心這樣一種大的「欲望」主宰了我們，在我們的心裏生起來的話，那我們是一個很幸福的人。所以你也沒有必要去減少它，你想辦法去提升它、擴充它，就好了。

你有欲望，你一定愛自己，所有的哲學、宗教都是從這裏起步的。我們每個人都愛自己，我有欲望，別人也有欲望，我要實現我的欲望，別人是不是也要實現他的欲望呢？你想要的東西別人也想要，如果你想要的多，那麼你多幫助別人實現他的欲望。你不想要的東西呢，別人也不想要，你不要給別人，所謂「己所不欲，勿施於人」。宇宙的奧妙有時候就在這些簡單的地方。如果我們想要自己的欲望實現得多的話，我們就多去幫助別人，滿足他們合理的欲望，這時候你會發現這個「輪子」會轉回來，你發現你幫助別人就是在幫助自己，最後你就會體驗到剛才講的那種「統合」，自和他不是對立的，是統合的。所以你不要跟欲望去打架，要是打架那就麻煩了。

問題七

我想談談對剛才那首詩的體會：「空手把鋤頭」，人只有空手的時候才能把握那個鋤頭；「步行騎水牛」，假如我們坐在這裏就不可能騎水牛，一定是先步行到水牛旁邊，然後才能騎水牛；「人從橋上走，橋流水不流」，這是一個相對論的概念，如果我們去體驗一下，可能就是橋在水上像汽車一樣開過去，所以水是不動的，橋是動的。看上去像空話，但實際上蘊含着真理。我感覺真理就是在空話當中，是不是這樣？

回答七

你理解得很好，找到了體悟這個偈子的門了。是不是真的落實到我們的受用上，還要繼續用功。包括前面一位同學問的，我們有煩惱、有欲望，正好，就怕你沒欲望，就怕你沒煩惱。煩惱是智慧的另一面，有煩惱才會有智慧，因為智慧就是對治煩惱的。我們在工作中也是一樣，有困難、有挫折才會有成功，所以成功有時候表現為困難和挫折。事物都是在對待之中顯現的，你不要執取它的某一邊，你執取某一邊就迷失自己了。所以我們説佈施和得到這是對待，但它也是同時存在的。在這種最極端的對待中有統一。沒錯，你所契入的方向是對的。

問題八

本人能夠接受佛教的理論與思想，並且能夠以平常心過清淨寡欲的生活。但家人不能理解，也不能接受，認為這種心態對年輕人來說過於消極、不求上進。請問如何解決這一矛盾？

回答八

可能年輕人每個人都有自己的選擇，不光是信仰，其實工作和生活的選擇也會遇到跟家裏人的矛盾，大家都不理解。這要有耐心，通過你的實際行動、通過你實際的狀態來改變他們。

問題九

怎樣才能擺正精進和放下、隨緣的關係？

回答九

我個人覺得，耕耘和播種要精進，收穫要隨緣。就是說在因地上要精進，在果上就隨緣。只問耕耘，莫問收穫。精進地耕耘，收穫多少就隨它去。事實上，你要是耕耘得好，收穫一定少不了。

【輯二】

禪・行

白雲笑我世緣深，拋卻青山走鬧塵。
何日再來參舊話，經窗曉月悟前因。

明海

生活禪

生活禪是我的師父淨慧老和尚提倡的。從一九九一年到現在，已經有十二年的時間。提出生活禪以後，從一九九三年開始，我們寺院每年都組織生活禪夏令營，以生活禪的理念指導年輕人體驗禪的境界。當然也學習禪的知識，更重要的是體驗禪的境界和禪的精神。

師父早年在傳統的叢林裏親近虛雲老和尚，虛雲老和尚對禪有深入的體驗。今天許多社會人士對禪有誤解，覺得禪很高深、很玄妙，遠離我們的生活，不是凡夫俗子所能達到的；從佛教界來說，有些出家人把修行和禪與社會的距離拉大，由此造成人們對於禪的隔膜。所以我的師父根據祖師禪的精神，契合當今人們的根器，把禪的精神做了強調。所謂禪的精神，就是禪的生活化。所以並沒有發明和增加甚麼，只是強調了要在生活裏去體驗禪、在生活裏修禪。

生活禪的宗旨

生活禪的宗旨，是「覺悟人生，奉獻人生」。這兩句話很通俗，但是它把佛法最核心的思想概括出來了。佛法最核心的思想是甚麼？一個是智慧，一個是慈悲。智慧，表現在覺悟人生；慈悲，表現在奉獻人生。有了智慧，有了覺悟，就可以奉獻；因為奉獻，覺悟和智慧才得以圓滿，才得以展開。許許多多的人，從古到今，從西方到東方，都想奉獻，都想幫助人類、幫助眾生，但並不是所有的人都達到了目的。為甚麼？因為幫助眾生、奉獻，不是一件簡單的事，是需要智慧的。所以智慧與慈悲，覺悟與奉獻，這兩者不能偏廢。真正的奉獻，就是全心全意為人民服務。從佛教來講，不只是為人民，是要全心全意為眾生服務，全體奉獻。這種無我的奉獻，是要真正得到生命的自在、大徹大悟之後，反觀人生如夢幻泡影，但是也不離開人生，不離開眾生的世界，以遊戲三昧，弘法利生，做牛做馬，上天入地，得到這樣的自在的時候，才可以圓滿地實現。在沒有大徹大悟以前，我們也可以在力所能及的奉獻裏，逐漸地拓展自己的心性，發現自己心地的光明。奉獻與覺悟有內在的關聯，覺悟如果離開了奉獻，就只是自利，缺少了利他的精神。所以「覺悟人生，奉獻人生」的宗旨，話很簡單，內涵很深。

生活禪的指導方針

在生活裏落實這兩句話，有一個指導方針：「在盡責中求滿足，在義務中求心安，在無我中求進取，在生活中透禪機，在保任中證解脫。」有人問，不是說無求嗎，怎麼盡是求啊？這都是語言表達，都是一些名詞。求是落實的意思。在盡責中去落實內心的滿足，在義務中落實內心的安詳。相近的語句，可能各位也多次接觸過，但是在生活禪裏面，這幾句話有很高的立意。

生命的價值，是在責任和義務中體現的。在責任和義務之外，是沒有辦法體現生命價值的。以佛法來說，要體現生命的價值，首先要定位人生價值。人生價值如何定位？佛教是以成佛作為最高的定位。每個眾生都有佛性，每個眾生都可以成佛，這是我們生命最充份的、最圓滿的價值定位。有了這個定位，然後再把它落實到自己這裏。再宏大的目標，也必須落實到現實生活裏，在日常生活中逐步地實現它。所以修行，不是說在生活之外另有一個修行，在責任和義務之外另有一個修行。即使是燒香拜佛，那也只是修行的一部份，也是修行的手段，不是目的。

人本主義心理學家馬斯洛（Abraham Maslow）有幾個理論，一個是人的需求理論，一個是自我實現的理論，還有一個高峰體驗理論。他的有些話可以借用來描述佛法。比如「高峰體驗」，接近我們說的禪定或者開悟，當然不完全等同。他的自我實現理論講到，他做過調查，發現自我實現比較完全的人有一些共同的特點：敢於面對責任，不逃避。我們如果把責任當成包袱，就會有壓力，有時候只一念之間，把念頭轉一下，心境就完全不同了。你從消極的方面去對待責任，會有壓力，想逃開，覺得活着很累，想逃到一個地方去。但是我們逃到哪裏去呢？沒有地方可逃啊。其實你越逃越累，逃的狀態本身就是累的表現。轉身面對責任的時候，欸，不累了。不僅不累，而且面對責任、承擔責任的過程，有很多樂趣。逃避責任和義務，就有壓力；沒有落實責任和義務，心裏就有不平衡。這個不平衡，你想忘也忘不掉。只有在盡職盡責承擔義務的時候，心會平衡、會滿足，人生的價值會逐漸實現。以正面的眼光和心態去對待責任和義務，這一點非常重要。

「在無我中求進取。」我們要進步，必須不斷突破自我、超越原來的境界。我們執着於現有的境界，就沒有辦法突破。佛教有一個重要的思想，叫「人無我」。比如說明海，沒有一個東西叫明海。明海是誰呢？是他的頭？他的手？他的腳？他的嘴？他的眼睛？他的思想？沒有一個東西叫明海。所以這個明海，有豐富的可能性，他可能會成佛，也可能會下地獄。可能會成為一個凡夫俗子，也可能成聖作賢。認識到這種無限的可能性，就敢於突破自己，就敢於在自己的心裏生起宏大的願望，給人生定位遠大的目標，賦予自己更大的責任。在這個過程裏面，明海就變了，不是原來的明海了，每天都在蛻變，以我們的行為、語言、心態，不斷地塑造自己。生命原本就很活潑的，所以要在無我中進取，敢於面對挑戰，在無我中不斷地向更高的目標前進。

佛教有一句話叫「難行能行」，一定要在你做不到的地方挑戰自我，如果總是待在能做到的地方，就永遠在原地。你能挑一百斤，就挑一百一十斤，你試試，慢慢你就能挑一百一十斤了；你能挑一百一十斤了，再挑一百二十斤，你慢慢就進步了。如果你停在原來的境界，認同了原來的一百斤，就永遠是那樣了。所以在遇到困難的時候，我們要高興，機會來了！甚麼機會？突破自我的機會。不要把自己限定死，不要給自己劃線——我就這樣了。那不行。

「在生活中透禪機。」前面我們講的「無」，很多這樣的禪機，怎樣去透過它？在生活裏透，在生活中轉身。前面講到，如何面對責任和義務，只是一個心態的轉換、角度的轉變、觀念的轉變，只是一念之間。透禪機也是一樣，並沒有甚麼訣竅，同樣只要心念一轉變，眼光一轉變，世界就變了。

有一個故事，講一個老太婆，她有兩個女兒，大女兒嫁給賣鞋的，二女兒嫁給賣傘的。天晴的時候，她很傷心地哭，因為想到賣傘的姑娘家裏生意會不好，沒有人買她女兒的傘。下雨的時候她也哭，也難過，因為她想到沒有人去買大女兒的鞋。她總是想不高興的一面，沒有想高興的一面，所以她每天總是在難過裏，怎麼都有理由難過。其實現在大家把眼睛閉上，想一想難過的地方，我相信每個人都能找出來，沒有一個人找不出來的。最後你會發現即使每天用二十四小時去難過，時間還不夠用，有很多地方值得你擔憂、傷心、後悔、焦慮，怎麼都想不完。但是我們不能這樣，我們要把念頭轉過來。這個老太婆每天都哭，後來有個師父問她，「你為甚麼哭？」她就告訴了師父。師父說，你應該每天都高興。為甚麼？下雨的時候，你應該為賣傘的女兒高興；天晴的時候，你應該為賣鞋的女兒高興。哭婆恍然大悟，從此以後變成笑婆了。

「在生活中透禪機」也是一樣。要從對立中看到統一，從矛盾中找到和諧，從滅中找到生，從非中找到是。生和滅是一對。是和非是一對。「此有故彼有，此無故彼無。」這都要在生活中透過。

「在保任中證解脫。」保任指甚麼？是指我們在修行過程中，如果有了好的體會，要像母親保護自己的嬰兒一樣保護它，讓它成長。任就是任運，讓它成長，讓它延續。我們靜坐，一年有幾天專修，如果內心有好的體會，應該把它用在工作中，用於公司的管理，用於解決矛盾，用在難辦的事情上。不要把動和靜割裂，不要把修行和工作割裂，不要把在靜中得到的體驗和生活中遇到的問題割裂，要統一。在保任中證解脫，就是把修行中獲得的良好心態在工作、生活的每一個環節上體現出來，時時處處都有解脫自在。

修行生活禪的要領

以上就是我們在生活中落實生活禪的指導方針。修行生活禪的要領，概括地說，就是「把握當下，安住當下」。當下，是現在進行時，每時每刻。把握住現在進行時，把握住每時每刻念念現前的這個當下，我們就把握了生命的脈搏，抓住了改變命運的金鑰，未來就在手中。未來不過是現在的延伸。所以當下是最現實的。我們在每一念的當下努力，投資在這個當下，未來才有希望；在每一個當下播種耕耘，未來才會有收穫。每一個當下都是因，都是我們播種的機會，都是我們準備的機會。我們只要不斷地準備自己，充實自己，收穫會來敲門。你去找收穫，你永遠得不到滿足。你沒有去求，所以總有意外驚喜；你老是求、老是不知足，你永遠貧乏，永遠吃不飽。這是生活禪的主要思想。

二〇〇三年十一月二十二日
於北方交通大學人文社會科學院對企業家的演講（五）

口頭禪

關於佛教、禪和禪文化，我不知道商學院的同學有多少了解。我從「口頭禪」這樣一個很具體的角度切入，是因為以我個人的經驗來說，這是我們在生活中可以實際操作的一個修禪的方法。

關於口的修行

口頭禪實際上涉及到日常生活中大家每天都要使用的一些重要的感官——我們的口（嘴巴）和舌（舌頭），接下來還會提到我們的耳（耳朵）。口和耳，經常是互相關聯不能分的，有個成語就叫「口耳相傳」。你們也可能會注意到，聾子往往是啞巴，啞巴往往是聾子，所以口和耳有非常直接的關聯。

先說口。我的師父淨慧老和尚有四句話概括了佛教的修行：「皈依佛法僧三寶，勤修戒定慧三學，息滅貪瞋癡三毒，淨化身口意三業。」這是佛教徒從起步到修學到結果的全部概括。皈依是方向的確立；戒、定、慧是所有佛法修學法門的概括。戒，是行為和語言的約束。定，是心力、專注力的培養。智慧，是內心認識能力的開發；貪、瞋、癡是人類的劣根性，是所有眾生先天後天所具有的劣根性、心靈的缺陷；身、口、意即是構成我們生命的三個重要的感官管道，也是我們用生命活動造作、積累的結果，所以要淨化身、口、意三業。

關於口的修行，佛教裏在戒這一部份曾經講過，要避免四種錯誤：妄言、綺語、兩舌、惡口。妄言就是說假話，說與事實不符的話；綺語是說低級趣味的話；兩舌是在兩邊挑撥離間；惡口就是罵人。這四種錯誤是語言的垃圾，佛教裏是這樣概括和總結的。這是從戒的方面，從約束與規範的角度來幫助我們。這裏我會從另一個角度分幾個方面來和大家探討關於嘴巴的禪，簡稱「口頭禪」。

不發怨言

口頭禪的第一個修行，是不發怨言。這樣的一個修行，我是在做了柏林禪寺的住持之後開始的。柏林寺有一千多年的歷史，一九八八年開放，開放時只有前面的塔，所有原來的建築都毀掉了。一九九二年在我們師父的主持下重新恢復，整個寺院的軟體和硬體建立起來，有了僧團，同時我們的工作也在多個層面上展開，包括僧團的修行、對社會的弘法、文化與慈善工作。二〇〇三年，這個寺院修復工作完成的時候，師父他退了，讓我來管理這個寺院。那時候我三十六歲吧，出家的時間也不算很長，這樣一個大的寺院，工作頭緒很多，那時候我想修「不發怨言」——對任何事和人都不抱怨。體驗了一段時間後發現，這個修行非常難。簡單地把嘴巴閉上，不去說抱怨的話，這並不難，但是你這顆心，你要讓它對事物總是做正面的評價，這個太難了。我們這顆心每天都在對事物做正面和反面、積極和消極、是和非、對和錯、美和醜、要得要不得等等的判斷。在種種判斷裏面我們經常會走到死角，走到死胡同裏面，所以我們有時對事物會產生怨恨。當內心生起怨恨的時候，我們不許自己口出怨言，那真的是很憋人的。所以我修了一段時間之後發現這個看似很簡單的修為，原來是那樣的難！我們要讓自己總是從正面去看待事物，總是以正面的心態去面對所遇到的情境和人，這才是不發怨言的根本。僅僅是嘴上不發怨言，這不是要害所在，要害是你怎樣才能做到總是從正面去欣賞和觀察你的生活、你的世界、你的環境、你的遭遇乃至於你自己。

抱怨使我們將遇到的情境簡單地定性，從而令我們內心的觀察與理解——就是我們對那個情境、對象的深入觀察與理解——停下來，因為我們已經給它定了性。心態因此而封閉並失去活性。甚麼叫活性呢？在禪宗裏，它是要我們用心直接去認識事物的原態，而不是利用符號和概念系統，不陷入價值判斷。凡是用符號系統所發生的心靈的運作，在佛學裏講，就是我們這個意識的活動；簡單一點、感性地說，就是我們大腦的分別、判斷、思維、邏輯運作，它是以符號為工具開展的。這一點現代心理學也得出同樣的結論，凡人類所有的思維和意識活動，它是與符號對應的，就是以「名言」——佛學裏叫「名相」，即名字、名詞、概念這些為工具來運作的。當我們心靈的這一層面開展運作的時候，從世俗的價值體系出發來判斷，我們說這個人很聰明、很有文化，但是若仔細觀察，會發現這一部份的活躍，恰恰遮擋了我們心性的智慧與光明。在人的認識能力中，我們今天的教育和文明，特別重視以符號、概念、邏輯發展及運作為基礎的那一部份，而比較忽略以心性的直覺直接注視事物原態，即超越概念、邏輯、符號的那種能力。我們給它安個名字，就叫直覺的智慧。

這兩種認識能力，存在一個很有意思的規律。借用道教的太極來描述：太極圖的圖案是陰陽魚——這也是個符號，我們仍然避免不了運用符號，就借用它來描述心性的直覺智慧和意識活動的關係。它們的關係是甚麼呢？當意識活動很活躍的時候，直接的認識能力就變弱了，太極圖的那兩條魚不是相反的嗎，當左邊這一部份大的時候，右邊那一部份就小了。如果人類的分別意識這一部份活動變得弱了——嚴格地說是變得有序化了，那麼人心性的自覺認識能力就趨於活躍。我相信是存在這樣一個規律的。

當然如果我們最終認識了心性的本來面目，可以反過來利用符號和邏輯著書立說，建立各種各樣的架構，建立各種知識符號邏輯的框架，來幫助我們說明問題。那是「主人」，人心是「主」；意識活動是「客」，符號邏輯、概念系統是「客」，是工具，它們被支配。但是當我們還沒有做得自己心性主人的時候，直覺認識能力還沒有開發的時候，我們是客，那些符號、邏輯與判斷做了我們的主人，抓住了我們的鼻子，就是這樣。所以當我們抱怨的時候，我們的心已經是做了奴隸，被各種判斷、各種價值體系、概念和符號抓住了。

在中國，如果一個人辦喜事，有朋友穿一身黑色的衣服去參加婚禮，他會很不高興，對吧？我們的心就是被諸如此類的判斷牽制了，沒有自在。當然，這不是說自在的人就應該穿黑色的衣服去參加別人的婚禮，不遵守世間的遊戲規則。這裏面有一個否定再否定的過程。但是我們現在的狀態呢，我們的心是不自在的，被各種判斷所牽制，抱怨恰恰是我們內心對事物做簡單的判斷取捨之後在情緒上的表現。這種表現本身會障礙我們心性直覺的智慧，使我們內心的觀察、理解在事物面前停下來。我們僅僅滿足於用概念和判斷所獲得的那個結論，停滯在那裏，不再做進一步的努力，不再去接觸事物本身。

例如，你認識了一個新朋友，你通常會先向人打聽說：這個人怎麼樣？有人可能會說：這個人啊，是個書呆子！於是你就把「書呆子」三個字抓住了：哎呀，知道了，這個人是個書呆子！你就不會再進一步地直接去了解他。我們對人對事物都是這樣。有人請你喝茶，你還沒有喝，先問別人這茶怎麼樣，人家說是好茶，你心裏可能就覺得是好茶了，你忘記了自己用心去品。我們心的運作，會以這些簡單的判斷為滿足，而停止了去接觸事物的本身。

在直接地、零距離地接觸事物的原態之前，心一定不能有任何的先入為主，不能有任何成見、任何芥蒂。對事物不要有先入為主的判斷，這種狀態的心我們姑且稱之為空的心。空的心就是開放的心，就是不要把你的心封閉。空的心也是充滿活性的心，準備着接受任何事實，準備着去感受。有時候我們把感覺系統關閉了，有時候各種概念和符號也令我們把自己的感官關閉起來，因此，我們認識的事物是殘缺的、不完整的。讓心處於空的狀態，保持活性，讓直覺的認識能力生發出來，這就是禪。你們以為禪有甚麼神秘嗎？沒有，就是這些。

沒有怨心

如果我們努力從「不發怨言」這一點去試一試，在生活中、在家庭裏、在企業裏，我們應該會感覺到世界更開闊了，人和事物更鮮活了，同時，我們的心更空曠了。有抱怨，我們不會在行為上有積極的改進和調整，前面講到在心性上造成誤區、死角，就會引發一系列被動的消極反應。實際上我們的人生就是由這一系列的反應構成的。在各種價值觀、各種習性的支配下，做出一系列反應，並且承受因此回饋過來的資訊和結果，在佛教裏稱之為「報」。那麼，一系列的價值觀、出發點，一系列的習性，就成為我們心性的障礙——即「惑」，迷惑；一系列的反應就是「業」——即造作；然後我們會感受由造作帶來的回饋。不斷地感受回饋，又不斷去造作。我們感受到的回饋，是「果」，因果的果。當然，如果從這一系列的果帶給我們生命的壓迫、局限、箝制和纏縛來說，這個果是苦的，苦就是不自在。

如果我們想沒有怨言，首先要沒有怨心。根本上是讓你的心從一系列的習慣、判斷和價值體系中解放出來。這個價值體系可能來自於書本、學校、老師以及社會。釋迦牟尼佛的教導是這樣的：不要因為那是你的老師，你就不再去認識他，只聽從他；不要因為那是你的朋友，就放棄你的認識，只聽從他；不要因為多數人都那麼認為，你就以為那是真理；不要因為對你有利，你就認同。這就是說，要從所有的立場、出發點和價值系統中，將我們的心解放出來。這樣一個徹底的心靈的還原，就是禪修，當心還原的時候，我們自然安住在禪裏面。

《信心銘》中有句話，「一種平懷，泯然自盡」，就是我們要以一種平懷，以平等心、開放心看事物。在這樣的心境裏，我們不再迷惑於各種判斷：這是好的、這是壞的，這是美的、這是醜的；但是又知道甚麼是甚麼。不要以為像木頭一樣不做任何反應，像石頭一樣冰冷是禪。我們經常用鏡子來比喻禪心，東西來了能照見，東西走了也不留痕跡。所以要做到沒有怨心，首先就要直接地理解事物的因緣與生滅，也就是彼此之間的關聯，由此來培養平等心、開放心，再以平等心、開放心去看待事物，就不容易起怨心。

其次，要用感恩的心，感恩的心是一顆徹底開放的心，對於所有落到你身上的處境，都說ＯＫ，都歡迎。但是你會說這太難了！我們每天要工作，這個嘴巴不平則鳴啊。現在要把嘴巴鎖起來，我們心裏不平，會憋出病來，怎麼辦呢？那就退而取其次，先用口頭禪對我們的內心做一種積極的疏導。

四句口頭禪

我給大家推薦幾句口頭禪——這裏說「口頭禪」才是它的原意。

第一句口頭禪「苦惱」，是我們出家人經常講的。這個世界總是有缺陷的，總是不完全如我們的意。在遇到麻煩的時候，我們也可以抱怨，但是用這樣的抱怨——「苦惱！」有甚麼好處呢？這其中帶有哲學的境界，它將我們的心帶到對整個人生處境的觀照中。人生的處境就是充滿缺陷的，我們能否找到完美的人和事？既然自己都不是完美的，為甚麼要求這個世界完美呢？這個口頭禪予我們的生存狀態一個哲學層面的描述，當我們的心對人生整個處境進行哲學觀照的時候，我們的壓力就緩解了。我們知道這個世界上沒有人沒有壓力，沒有人是完美的，沒有人每天都遇到完美的事。人生總有缺陷。如果我們能面對缺陷，接受缺陷，那就是一種完美。所以說「苦惱」這句口頭禪太棒了，而且它不會對周圍的人造成傷害。作為管理者，適當表達你的不滿是必要的，也令你周圍的人有所覺察與反省。如果有不滿只是憋在心裏，解決不了問題，因為人們不知道你究竟怎麼看。這種表達不帶傷害性，又能把我們的心帶到哲學高度去觀照事物。所以「苦惱」是最好的口頭禪，我把它推薦給大家。

第二句口頭禪是「慚愧」。慚愧能引導我們的心進行自我反省——我們遇到的所有問題都是與我們相匹配的。所以孔子說：「斯人也，而有疾也！」甚麼樣的人有甚麼樣的病，不要抱怨病，我們會遭遇這樣的病一定有內在的原因，有內在的問題。「慚愧」能把我們帶到對自我不足的觀照中，而且對周圍的人也沒有殺傷力。同時，與我們配合默契的員工也會知道：哎呀！他現在有壓力了。如果說「苦惱」是從哲學的高度去觀察整個人生的缺陷，那麼「慚愧」令我們反省自己的不足，所以都具有自我治療的作用。

第三句口頭禪是「也好。」這句不要隨便用啊！當我們的修行，我們的覺悟已經到火候了，才能用這第三句口頭禪。即不管發生甚麼，我們都說：「也好。」比如有人偷了你的錢包，你會說「也好」嗎？這太難了。

「也好」這句口頭禪是把我們的心帶到因緣的、智慧的認識當中。一切事物的出現都不是偶然的，有其關聯性。這個世界一直就是這樣，有這樣的因就有這樣的緣，就有這樣的果報，不會有差錯。天不負人，天道是公正的，諸法是平等的。所以你說有問題，其實是你有問題。用有問題的眼睛去看生活，我們就看出問題來；用讚美的眼光去看世界，我們就說「還好，也好！」所以這句口頭禪也具有很好的治療作用。遇到任何事的時候跟自己說聲：「嘿！這樣也好！」比如，企業現在很成功，「也好！」企業遇到很大的挑戰，「也好！」任何時候都能以這樣的心態來對待自己的生活，我們就會活得輕鬆得多、開朗得多。

第四句口頭禪是「不理它！」這句我自己用得比較多，就算是絕招吧。作為管理者，總會有很多人和事要動搖你、誤解你、障礙你。如果你要做一些工作，會有很多同樣有價值的工作來吸引和分散你的注意力，這個時候我喜歡說：「不理它！」這句「不理它」幫了我的忙，令我不去注意別人怎麼議論我，怎麼看我，怎麼障礙我，也幫助我把自己的精力和注意力聚焦在我要做的事情上。堅持去做，不理它，別的甚麼我都不管，等你走出了自己的路，人們就會說：「好啊，好啊。」這時候你仍然要「不理它。」如果人們說：「好啊，好啊！」這時你停下「不理它」了，說：「這回你們知道了吧……」你又完了，下次你就會失敗。所以你要永遠「不理它」。「不理它」是一句很好的口頭禪，一個在人生路上帶有定位價值——好像衛星定位一樣——的觀照口訣。

以上是我與大家分享的四句口頭禪和一個修行要領——無怨言、無怨心。當我們在日常生活與工作中這樣做的時候，心量會變大，人會變得柔軟，我們的心會更慈悲。慈悲正是從忍耐中，從接受苦的現實中培養出來的。

二〇〇七年九月十五日

在河北省佛學院禮堂對中歐商學院師生的演講（一）

踐諾的修行

我們在生活中，每天都可能会許諾。向別人許下的諾言，向自己許下的願心，我們要用全部的生命去實踐它，這就是踐諾。如果你輕易地許下諾言，輕易地發願，而不落實，就是寡信。所以古人說：「輕諾者，寡信。」隨便許諾而不執行，就會使人生的誠信資源流失；誠信資源流失的時候，這個人的含金量、這個人的份量就變輕了。所以，重諾踐諾的修行，就是培養我們人生誠信資源的修行。你對你說的每一句話都去兑現，都付出代價去做，那麼你的誠信資源慢慢就會增長。誠信資源增長了，你再去工作去創業，付出的努力就能得到很大的回報，成功的概率也會增長。當然，誠信資源也是我們社會正常運轉的保證。

踐諾與反聞

當我們在生活中重諾踐諾的時候，就會發現：哎呀！這嘴巴給我們找了很多麻煩。但是通常在這個時候我們就會把自己的許諾打個折扣，如果不打折扣，沒有了退路，你一定會特別怨恨自己的舌頭：哎呀，當時這句話要是不說就好了。人生不可逆轉，比如進了監獄的門，你想馬上就出來，不容易，你得把那個時間待夠了。我們每個人要守住自己的口，因為說出來的話也不可逆轉。所以在許諾的時候你就要意識到：說話非常重要，不能輕易許諾，隨便答應人。

當你重諾的時候，就會逼迫自己學會說話。怎麼樣叫學會說話呢？這裏是指在說話的時候自己聽自己說話。我們在說話時，同時有一個反聞的力量在傾聽自己說話，實際上這也是一個觀照。這個反聞觀照的能力，就是一種生活中的禪修。特別在承諾的時候，你一定要非常專一地反過來聽你說的話以及你說話時候的心態，對你所承諾的那件事情進行觀察與了解。

禪修並不神秘。我們在工作和生活中講話，反過來聽自己所講，觀照自己所講，特別是涉及到承諾的時候，因為下一步要踐行承諾，不是開玩笑的。你要行動，行動會給你帶來各種各樣的糾結，所以說話的時候你一定要非常小心，非常冷靜清醒地觀照自己正在說甚麼，這就是定力，也是智慧的力量。

定是專注，慧是清醒、明瞭。當你為你的諾言吃了很多苦，反過來會更加重視自己的許諾，重視自己在承諾時候的表達，在表達的時候更專注而清醒地觀照，當你這樣去修行的時候，結果是甚麼呢？你會發現，你的心變得敏銳了，你的耳朵也變得好使了。用中國的文字來表達就是聰——聰明。聰是指耳朵，明是指眼睛，清醒地觀察。聽，聽誰呀？聽自己。你會對自己說過的話，記得特別清楚，別人加一個詞，你都知道那不是你說的。當然，你對別人的承諾也會記得特別清楚，因為你重視自己的承諾，也重視別人的承諾。

試想一下，當反過來留意聽自己在承諾時如何表達的時候，你的注意力是向外還是向內？它是向內的。好比我拿望遠鏡去看遠處的東西，如果看不清楚，那麼應該調整的是望遠鏡的焦距，而不是跑去把遠處那個東西拿到近前來看。所以我們應注意，要看的那個東西不在外面，而是那個心。當你反過來，調整心的焦距，調整你內在的觀照力的時候，對外在事物你會有一份直覺。當你非常用力、非常專一地反過來調整你內在的觀照能力，調整你觀照事物的焦距的時候，心性的直覺的智慧就很容易培養出來。

為甚麼呢？因為這個時候你的注意力不是向外，你已經了解了一切，你只是調校望遠鏡的焦距，便能看得更清楚。事物是怎麼樣的，應該怎麼做，都會在你心裏顯現出來；別人怎麼想，怎麼講，有甚麼樣的思想感情，也會在你心裏顯現出來。所以要相信你的心是面鏡子，你的心可以照見一切，知道一切，萬事萬物的規律都顯現在你心裏。平時我們之所以覺察不到，是因為我們的注意力一直在向外用功。我們的心有灰塵，被很多的概念與判斷遮擋，以致心的那種光明、顯示事物本來面目的能力沒有發顯出來。

為甚麼我特別要談踐諾的修行呢？因為我們要對自己的承諾負責，所以會有壓力。在這種壓力之下，我們會把注意力收回來，更加專注專一地聽自己説，觀照自心，讓事物在心中顯現，讓直覺的能力運轉。

這個修行，從廣義的程度上，就是觀世音菩薩的修行方法。觀世音菩薩是位慈悲的菩薩。他名字的內涵，就是永遠都在觀察、傾聽世間眾生的心聲。觀世音菩薩是一個覺者，他的名字就蘊含着修行的法門——就是反過來聽自己心靈的聲音。世間的一切聲音，都在觀世音菩薩的心中顯現出來。當然這個動詞，用「聽」、用「觀察」都不要緊，都是心在運轉。

這是第一個要點——你自己要踐諾反聞。

學會傾聽

生活中的很多問題，來自於人與人之間的溝通。溝通的障礙，有時來自於我們不能靜下來聆聽他人的心聲。前面講過，在許諾的時候，我們要反過來聽自己在説甚麼。那麼別人在講話的時候，我們應該怎麼做呢？我們可以靜下來，專一地傾聽。這是我在「踐諾的修行」裏要講的第二個要點：別人講話，我們傾聽。

別人講話時專一地傾聽他，也是生活中的一種禪修。這個傾聽是以別人的聲音為媒介，但是你的注意力仍然在你自己的心裏面。這一點很重要，以別人的聲音為媒介，用你的心去和他的狀態溝通，感知他內心所想。

所以有時候聽人説話，你不要為對方説甚麼所迷惑，要傾聽他心靈的聲音，那是他真正想説的話，其中可能有歡喜背後的憂傷，有被語言所掩蓋的種種內心狀態，你能用心專一傾聽的時候，你的心便能夠通達，更能夠明白對方。

培養傾聽的習慣，提高傾聽的能力，有助於我們和他人的溝通。你們有沒有想過，人和人之間怎麼會吵起架來？我講話的時候他不聽，他講話我也不聽，於是就吵開了。根本誰也不想聽對方説甚麼，只是在對方的語言中去找那一根火柴，然後用這根火柴點個火，把心中的一大堆木柴點燃，這樣就吵起來了。吵架的時候我們經常會説「住口！」「我不想聽了，你別説！」前面説過，在任何時候，你要把自己的判斷、成見、原來對他人的印象、你和他之間的功利關係都放下，以最原始的心態去傾聽對方、去了解對方。如果你傾聽的時候，心裏有很多東西也不行，你是聽不清楚的。

在傾聽別人的時候，要用空的心。心是空的，就能聽到對方的心聲，知道他在想甚麼，這並不神秘，大家可以試試。其實這種修行就是「觀世音」——觀世間音聲，這會讓我們在生活中認識人和事更加明確，減少溝通的障礙，也會促進我們人際關係的和諧。

你也可能有這樣的體會：當別人一開口講話，你就知道他想說甚麼。你會說：「可以不講了，我已經明白了。」這恰恰是有非常好的傾聽習慣的人會遇到的情形。當然有時候對方仍然願意把話說完，那我們就認真聆聽。傾聽的習慣是一種重要的素質，這種素質對我們的人生很有幫助。

學習講話和沉默也是一種生活中的修行。說話的時候傾聽自己說話，沉默的時候傾聽他人說話。這個時候心都是空的，有時對方說一句話，把你的心引開了，引得跑很遠了，也聽不清楚了，接下來你就迷失了。因此，在交談中特別是在談判中，最值得我們把握的就是說話和沉默之道，我把這概括為「語默之道」。

拒絕的藝術

與承諾有關的，還有拒絕。承諾涉及到甚麼？——「ＯＫ」，答應，對吧？但我們在生活中經常也會說「No, sorry」——拒絕。我個人覺得拒絕比承諾還難一點，不過可能難度不大一樣：承諾是現在開心，但是做不到的話未來會不開心。你承諾的時候是很開心的，聽的人也很開心，特別是酒過三巡以後，人們常說：「沒問題，這件事我包了！」等到酒醒了以後，「哎呀，完了，怎麼辦！」而拒絕的時候是甚麼樣呢？當下不開心，但未來開心。為甚麼當下不開心？？因為我們不知道如何拒絕他人：「這話怎麼說呀？」「怎麼拒絕呀？」還有面子的問題。

我們在生活中要學習拒絕。拒絕有幾種方式：第一種是正面拒絕，即直接拒絕。第二種是委婉的拒絕，也就是替代式拒絕。替代式拒絕的目的是避免傷害對方。因此，你要在冷靜觀察之後，果斷地做決定，然後跟他溝通。但是在溝通的時候要注意不要付出代價，不要損傷對方。你輕易承諾可能損傷的是你自己，而直接拒絕可能讓對方一時接受不了，所以替代性拒絕是一個比較好用的方法：

第一種，以此代彼。比如說有個人向你借五千塊。你會問他借這些錢要做甚麼。可能他說要買一台電腦。如果你不能借給他錢，可以說：真對不起，我最近錢有一點緊張，不能借給你，但我有一台舊的電腦你願意要嗎？諸如此類——你不能提供他要的，但可以用其他的來替代。我用這種方法特別多，因為每天都有很多人到我這兒來，說：師父，你能給我甚麼甚麼嗎？你給我看看我未來能升官嗎？能發財嗎……如果我說我不會，多簡單哪，但是他們會失望，我心裏有時不忍，就說我是不會，不過我相信你要是學學佛，你自己會明白，我送你幾本書可以嗎？這是我用的法子——以此代彼。

第二種，以法代財。在佛教裏，法指的是思想、精神、境界、道路、方法，這都是法。財呢，就是實物、力量。有時候別人需要你實際的財物幫助，你不能給他，你可以做甚麼呢？用思想、用方法來幫助他。也許有人找你給他看病，你不會看，但是可以給他一些建議，比如哪一個醫院在治療這種病上很有口碑等等，這都是告訴他路線、告訴他方法。

第三種，以鼓勵代替幫助。有時候你沒辦法幫到他，這個情況我也經常遇到，但你要鼓勵他，你可以說：我相信你，沒有問題，你一定能戰勝這個困難。有時候，人們得了癌症找我，我也沒有神力，給他捋一下就好了。鼓勵他，給他信心，令他有信心面對，積極治療，病情就有可能減緩。

我們再來看看歷史上的玄奘大師是如何運用拒絕的藝術。

玄奘大師是中國唐代的一位高僧，他孤身一人不遠萬里從中國步行到印度，取回來很多佛經，推動了中國佛學的發展，也促進了中印文化交流。在世界文化傳播的歷史上，像他這樣的人是屈指可數的。玄奘大師在印度留學時成就卓著，古代印度將在各種事業方面達到頂峰的人稱之為「天」。玄奘大師把當時印度的大乘和小乘佛學都學到最好，印度人稱他為「大乘天」——大乘佛學的最高峰；又讚嘆他為「解脱天」——小乘佛學的最高峰。

當他留學圓滿要回國的時候，在印度非常有勢力的兩個王——戒日王和鳩摩羅王要留他在印度，不希望他回中國，便許諾說：「如果你留在我的國，我會造一百座寺院給你。」玄奘大師的傳記裏有一段文字：「法師見諸王意不解」，就是說他不想留在印度，但怎麼說對方也不明白，「乃苦言相告曰：『支那國去此遐遠，晚聞佛法，雖沾梗概，不能委具，為此故來訪殊異耳。今果願者，皆由本土諸賢思渴誠深之所致也。是以不敢須臾而忘。』」這句是說，中國離印度很遠，聽聞佛法較晚；中國人雖然知道一點點佛法，但是不能全部詳細地了解，所以我來異國他鄉求學參訪。現在我能滿願了，乃是因為我們國家學佛的人對佛法心很誠、很深切。我玄奘到印度來求經，一點也不敢忘記我們國家的人民對佛法是那樣的思之若渴。講了這番道理後，他接着說道：「障人法者，當代代無眼。若留玄奘則令彼無量行人失知法之利，無眼之報，寧不懼哉？」你們如果強行留住我，就會讓我祖國的善男信女失去了解佛法的利益，難道就不怕無眼的報應嗎？

這個拒絕是很直接的，我們要注意玄奘大師說話的方式。這話要是跟中國的皇上能說嗎？不能說。他為甚麼敢跟印度的國王說呢？因為戒日王和鳩摩羅王都是虔誠的佛教徒，明白佛教中的因果道理，所以他才能夠這樣直接地跟他們講：「要是把我強行留在印度的話，你們下輩子就沒眼睛了。」玄奘大師就這樣說。

玄奘大師回國以後，唐太宗非常高興，跟他見面聊天，聽他講印度之行的種種，一下子就喜歡上這個出家人了。他覺得這個出家人不一般，出家是一個如此優秀的和尚，若還了俗一定是國家的棟樑之材，所以說：「帝又察法師堪公輔之寄，因勸歸俗，秉俗務。」在古代，皇上的話是不能違抗的，而且皇上親自請你還俗，幫助他管理國家，這對一般人來說非常有誘惑力，我們看玄奘大師如何拒絕。法師謝曰：「玄奘少踐緇門，伏膺佛道，玄宗是習」，他說，我從小就出家，學習佛法，沒有聽聞過孔孟之道。實際上這是玄奘大師謙虛，他對儒家思想也很了解。「今遺從俗，無異乘流之舟使棄水而就陸，不唯無功，亦徒令腐敗也。」——你現在讓我還俗，相當於讓一個在河裏面划的船離開水而到陸地上，不僅沒有功用，而且船會腐爛掉。他打了這樣一個比喻，是要告訴皇上：我是不會還俗的，請你打消這個念頭吧。但是他要給對方一個安慰，於是說「願得畢身行道以報國恩。即玄奘之幸甚。」[1]——希望你允許我一生都出家，來報答國家的恩澤，這是我的福氣。意思是說，其實我做我的和尚，念我的經，仍然對國家有用。所以我們要保護宗教信仰，出家人看上去沒有種莊稼、沒有幹活，但也是在為社會的和諧、為精神文明的建設做貢獻，以此報國恩。玄奘大師這樣說，就是用一種委婉的方式來拒絕。

語默之道

語言的沉默，是哲學裏重要的問題。哲學家經常討論沉默，愛因斯坦、海德格爾都有相關論述。沉默，也可以說是人類文化的重要議題。且不說其他宗教，在佛教典籍《金剛經》中，佛陀說，我講法四十九年，你們以為我說了甚麼嗎？我沒有說！如果你們以為我說了，是誹謗我。孔子喜歡說話少的人、行動敏捷的人。子曰：「君子訥于言而敏於行。」他有一次對幾位弟子說：「余欲無言。」——我甚麼也不願意說。「天何言哉？四時行焉，百物生焉，天何言哉？」你看那天地說話了嗎？沒有，但是

1 在這一節中，有關玄奘法師的引文出自《大唐大慈恩寺三藏法師傳》卷五、卷六。

「四時行焉，萬物生焉」。還有《周易》裏講，「無私無欲，天下殊途而同歸」，所以沉默。語言的局限，是所有聖賢都觀察到了的。

佛教有一部《維摩詰所説經》，講了宇宙的真實在沉默中。經中講到很多菩薩在討論甚麼是不二法門。「不二」就是世界的統一性。甚麼是世界的統一性呢？大家七嘴八舌，各自説自己的理解，最後文殊師利菩薩講：「如我意者，於一切法，無言無説，無示無識，離諸問答，是為入不二法門。」當問到維摩詰，你怎麼理解不二法門呢？「時維摩詰默然無言。文殊師利嘆曰：『善哉！善哉！乃至無有文字語言是真入不二法門。』」這宇宙的真理、宇宙的統一性都在維摩詰的沉默中。但是，大家可以想一想，我們怎麼知道維摩詰的沉默呢？是通過文殊師利的讚嘆，對吧？

所以我們要懂得語言的局限。在佛教裏對語言有非常清晰的觀照。《金剛經》裏講，所有佛的言教都是過河的船，過了河就不要背着船了。讓我們的心從各種符號裏解脱出來得自在，認識事物的真實面目。在生活中，沉默，也是我們大家不要忘記的一個表達方式。不要以為所有的表達都需要講話。

二〇〇七年九月十五日

於河北省佛學院禮堂對中歐商學院師生的演講（二）

感動的心

我們學佛的人通常講修行要修心。這個心是甚麼樣的心呢？有人說是平常心。甚麼是平常心？有人說是榮辱不驚，如如不動的心。不動，這個用詞沒有錯，但是有時候我們的理解可能有失偏頗。學佛以後，這個心不是如如不動，而是像石頭一樣，太堅硬，太冷漠。在社會生活中，由於各種觀念、概念和意識形態的障礙，以及人為了生存、謀取利益等功利心的障礙，人和人之間的關係都平面化，抽象化、概念化、冷漠化了。本來我們的心是活潑潑的，有血有肉的，知道痛知道癢的，所以大家不要誤解，學佛修行不是要我們最後不知痛癢。

慈悲的感動

台灣的星雲大師有一年去醫院做心臟搭橋手術，相當危險，他那時也七十多歲了。出院以後記者問他，你在手術台上怕不怕？他說，我不怕死，但我怕痛。我覺得星雲大師是一個本份的修行人，他說的是修行人的本份話。你們不要因為他這話而認為他是一個普通的修行人，其實他這個回答才不普通呢！

禪宗裏有一個公案：有個出家人在山上一個草棚裏打坐，一個老太婆每天派人給他送飯，供養他，有一、二十年的時間。一天，老太婆想檢查一下這個師父修行的境界。就是說供養了他這麼多年，他修行得怎麼樣啊？因為我們供養師父，是希望師父修行得道，這樣我們的供養才沒有落空啊。所以她就派了一個女孩子去試探他，說你在送飯的時候突然把他抱住，問他感受怎麼樣。女孩子就照做了，去的時候突然把師父抱住了，問他，感受怎麼樣呢？這個師父被抱住的時候，就是我們平常講的如如不動，他說：「枯木倚寒岩，三冬無暖氣。」他描述的是當下被抱住的感覺，就像在嚴冬裏，一棵乾枯的樹靠在冰冷的石頭上，一點兒熱氣和生機也沒有。這個女孩子回去以後報告了師父的反應，老太婆就說，我們供養了他這麼長時間，看來他還是一個俗人。於是就把師父修行的茅屋拆掉了，把他趕走了。這是說老太婆對師父的修行境界不滿意。在古代，修行是不分僧俗的，有些在家人修行的境界也很高，老太婆覺得這個師父修行的境界還不是最高。當然，有一個漂亮的女孩子抱住你，能夠像木頭一樣，這應該也是凡人所不能及，但是仍然不是佛法的境界。

佛法的境界不是這個。佛法的境界是說，他的心是不動，但是他又能如實覺知一切，在動與不動之間。固然不是像普通的人一樣，但也不是像石頭一樣。何以見得？大家非常熟悉的觀世音菩薩，實際上就是一尊感動的菩薩。我們通常說觀世音菩薩大慈大悲，慈就是給予人快樂，以別人的快樂為自己的快樂，悲是以別人的痛苦為自己的痛苦，解決別人的痛苦要像解決自己的痛苦一樣，所以慈叫無緣大慈，悲叫同體大悲。慈悲的菩薩其實就是感動的菩薩，他是非常容易被感動的，是世界上最容易被感動的人，隨時隨地準備着被眾生感動，這就是觀世音菩薩。觀世音的意思就是說他隨時隨地在傾聽眾生的呼喚，傾聽眾生心靈的聲音，傾聽他們的呼救，隨時隨地去幫助他們，給予他們快樂，解除他們的痛苦。這是一顆完全開放的、時刻準備着被感動的心——大悲心。

我們如果有困難，念觀世音菩薩的時候，都希望觀世音菩薩在第一時間被我們感動，做出反應。我們肯定不希望觀世音菩薩「枯木倚寒岩，三冬無暖氣」。不過觀世音菩薩的感動和我們凡人的感動不一樣，他隨時隨地準備被我們感動，準備幫助我們，但又隨時隨地是自在的，所以我們又叫他「觀自在」。可能有時候我們是會被感動，比如說，現在股票市場行情很好，你也許被這猛漲的數字感動了，可是你不自在。你也許會被一個美貌的異性感動，但是若分寸拿捏不妥的話，你也會不自在。觀世音菩薩不然，他是感動而又自在。這就是我們要學的，有一顆感動的心。

感動的心

我們在生活中，要學會用這顆感動的心去感動別人、感動自己。我覺得世界上最難的事是改變自己。認識自己雖難，但經過一段時間也能做到。改變自己是很難的，所以說，我們修行就是要修正自己。那麼比這個還難的事情是甚麼？就是改變別人。改變自己很難，但是與改變別人相比，還是稍微容易一點。改變別人真的很難。你們有沒有發現日常生活和社會中的許多問題都從這裏出現？一個家庭不和睦，甚麼原因呢？夫妻兩個都想改變對方，沒有成功，結果演變成家庭戰爭；父母跟子女之間也是一樣的，父母總想改變子女、塑造子女，但經常會碰到釘子戶[1]，碰到障礙；在單位裏上司總是想改變員工，現在培訓很發達，為甚麼？因為它抓住了人們的一種需求，就是很多人都想改變別人。改變別人是很難的，家庭、社會、單位乃至國家和國家之間的問題有時就從這裏出來，和諧、不和諧都與這個問題相關聯。

我同你們分享一個改變別人的秘訣。你想改變別人，首先要學會感動別人。學會感動別人，我相信不管是在公司還是在家庭，不管是在生意場上、辦公室裏還是在大街上，你們都會成功。而且你們會快樂，也帶給別人快樂。所以感動別人的心是一種智慧。當然，要讓別人感動，首先你自己要有一顆感動的心，用心才能感動心。要感動別人，你要學會從固有的思維模式中跳出來，從你的思維框架中跳出來，從概念、邏輯的思維裏跳出來，從功利的思維裏跳出來，你才能感動人。我們不管做甚麼工作，都要與人接觸，特別是在城市裏。你的工作要做好，要處理好人際關係，就要學會以真誠感動他人，你也會因此有一個和諧的工作關係。在家庭裏父母要教育子女，在學校裏老師要教育學生，你要學會讓他感動，不要想用權力去壓服人，用暴力去征服人，用舌頭去說服人，你要用你的心去感動人。如果你以感動去對待生活，那麼生活中很多難題、很多要做的工作，就會變得既有挑戰性，也很有意義。你的生活會很有樂趣。

柏林寺前幾天在傳授菩薩戒[2]，我為受戒的在家居士講解菩薩戒的要求。這些要求

1 釘子戶：指的是中國內地在城市及公共設施建設、開發等過程中，拒絕配合、不肯遷走的私人土地或房產擁有者。此處指子女拒絕配合。

2 大乘菩薩所受持的戒律。內容為三聚淨戒，即攝律儀戒、攝善法戒，饒益有情戒三項。

有具體性的，也有原則性的。落實到生活中，在許多活生生的環境下很難把握分寸。比如說不殺生，農民朋友說，我要種莊稼，要打農藥那怎麼辦呢，等等，有很多問題。我知道所有問的人，都很希望師父能給他一把鑰匙，給他一個正確答案，他就用這個正確答案去處理他生活中的問題。這個想法是錯的。這樣的話，你的生活沒有趣味。首先，你不要想在生活裏沒有問題出現，你也不要想找到一個靈丹妙藥，用它解決全部的問題；或者有一把萬能鑰匙，用它開所有的鎖。那樣還有意思嗎？你只有把你遇到的每一個難題、每一個情景，當成你修行的機會，當成挑戰自己的機會，當成感動別人的機會，那才有意思。有人會問，那戒律還有甚麼用呢？有用，佛教的戒律精神給我們提供了修行的方向。

有農民朋友問，那莊稼地裏長了蟲怎麼辦？我有一個朋友叫安金磊，他在衡水種了幾十畝地，種了好幾年，他從來不用農藥，不施化肥。他種棉花，別人地裏長了一種蟲，很兇猛，幾乎無一幸免，但他的地裏沒有。農科院的人不信，跑去看，看過以後不得不信。他是怎麼種地的呢？他是用心在對待土地，用心在對待莊稼，用心在對待害蟲。當他用心對待害蟲時，害蟲就不是害蟲，是朋友。他每天到莊稼地裏去轉，看那些莊稼就像看他的小孩一樣。他從來不去殺那些蟲，他總是用心去跟它們溝通，結果他的莊稼長得很好，不會生蟲害。

現在有生態農業的說法，生態農業的奧妙不在技術而在心態。心態是科學技術代替不了的。所以說用心可以感動萬物。如果你種莊稼時遇到蟲害，把它當成一個修行的機會來對待，用感動的心去感動蟲子，那蟲子可能就走了。但是這個太難了，有的農民朋友會說，我們感動的心還沒有修出來，大悲心還沒有修出來，那蟲子可能就把莊稼吃光了。等而次之，長了蟲怎麼辦呢？你可以先在地裏轉幾圈，給這些蟲發佈資訊，跟它們說，「請你們趕快離開！這個地方要發生災難，有危及你們的事情要來了！」你要非常真切地勸它，把它當成你的朋友，當成你的家裏人。就像我們城裏拆遷房屋一樣，先通知那裏的眾生，給它們幾天時間離開。或者我們可以用佛教的方法，唸誦大悲咒。觀世音菩薩有一顆最容易被感動的心，用符號表現出來就是大悲咒。所以，你可以唸大悲咒，在地裏唸一唸、繞一繞，通知它們趕快離開，幾天以後，我相信有些能被感動的它就走了，那時你再採取下策。

感動的教育

我們現在的生活品質不高，為甚麼這麼說呢？就是因為我們用了很多聰明的技術手段，把一些問題掩蓋了，或者躲避過去了，我們沒有用感動的心去面對問題。你要真正想修行、想修菩薩道的話，面對問題時，你先不要想一下子把它解決了，心裏才平衡。你先把這個問題當成一個機會，當成一個你修行的機會、感動別人的機會，那麼你這個工作、你解決這個問題就很有意思，將會發生很多意想不到的情況。有人會說怎麼感動小偷？這有很多方法，比如你事先準備一二十元錢，在小偷要下手的時候，走過去，送給他說，這是我和你結緣的。也許他不會要，但他會回味吧？總而言之，這給小偷的心裏扔了一塊石頭，夠他回味一陣子。所以大家在工作生活中遇到很多難題，不妨用感動的方法去解決，不要想着用征服，甚至不要想着用說服。有許多朋友是搞推銷的、搞服務業的，你們也把我剛才說的方法用一下，讓每一個顧客都能感動，當你賣出了產品，你還要跟蹤服務，保證產品質量，這樣的話你的事業一定會成功。如果你在機構是負責人，要說服下屬；你在家裏是父母，要教育小孩；你在公司是老闆，要轉變員工的工作態度，試一試，用感動的法。

釋迦牟尼佛是一個覺者，一個圓滿而又充份地實現了人性的一個人，所以他能理解一切。他能理解善人，也能理解惡人；他能理解聖賢，也能理解凡夫；他能理解人，甚至也能理解人之外的眾生。作為佛教徒，我們相信，釋迦牟尼佛的法是感動的法，他不是用征服的法，他用的全是化導眾生、教化眾生之法。在釋迦牟尼佛教化眾生的故事裏，很多是他讓對方感動、讓對方自己去明白，然後引導對方去認識問題，而不是我們普通人喜歡用的，直接地把答案交給對方，讓他被動接受這個答案，或者把自己的境界強加給對方。

有這樣一個現代故事。有個寺院住了很多出家人，他們修行很認真，可是也有個別的人很調皮。寺院晚上要關門，有個年輕出家人，每天夜裏都會放一個梯子到牆上，翻牆出去外邊玩，看電影啊，泡網吧啊，黎明時分他才從原來的地方翻墻回來。他的師父知道了，有一天便把梯子移走，自己站在那裏等他。一直等到後半夜，這個浪子才回來，他翻牆時一腳踏了空，嚇一跳，結果有一雙溫暖的手把他接住了。見到師父在那兒等他，年輕人驚愕萬分。這時候師父說：天不早了，快回去休息吧。別的甚麼也沒有說，這個浪子很是感動，後來成了一個好修行人，再也不跳牆出去玩了。

我有一個出家人朋友，他是藝術家，早年在台灣星雲大師那裏出家。當時他已是中年，出家的心很真誠，信仰也很真誠，不過有些習慣一時難以改變，比如說抽煙。那時出家人是幾個人住一間房，他的師父特別給他單獨準備了一間屋，離大家遠一點兒，讓他一個人在那裏住。師父過一段時間會去看他一下，每次去看他以前都會提前半小時給他打電話，說我要去看你了，他就會在師父來以前把窗戶打開，讓煙味散出去，再把屋子收拾整潔，等師父來。有一次，師父帶着幾個師兄弟一起來，坐在沙發上同他說話，他坐在師父對面。正談着話，驀然發現師父的腳下就有一個煙頭，是自己沒有收拾乾淨。他一看到，就心跳啊，非常緊張，旁邊又有其他師兄弟在，他不好過去撿啊。只見他的師父在談笑之間，不經意地把那個煙頭用腳後跟一碰，煙頭就滾到沙發底下去了，於是他鬆了口氣，心裏的石頭落了地。但是從此以後他竟然主動戒了煙。

這個故事是慧禪法師講給我聽的，他的俗名叫史國良，是個知名的畫家。這是他出家時的經歷，他的師父就是這樣感動了他。慧禪法師還跟我講了另外一件事：他是河北人，性格鑾直爽，不是很拘小節。但出家人生活修行是要經過嚴格訓練的，吃飯怎麼拿碗、怎麼拿筷子，都有規矩。有一次，他跟師父和其他師兄弟一起吃飯，那天吃的是麵條。吃麵條要怎麼吃呢？不能出聲，所以要一段一段地咬，不能一口吸進去，一口吸進去就會有聲音。他還沒有學會這一招，所有的人吃麵條的時候都很安靜，只有他是呼嚕嚕的。靠近他的師兄弟很着急，先用胳膊拐了他一下，他沒明白，這個師兄弟沒辦法了，小聲說：「不要出聲！」這個聲音雖然小，但師父聽到了，說：「慧禪吃飯很香，如果廚房的大師父在，一定會很高興。」他聽了以後非常感動。

弘一大師是我們熟悉的高僧，他有時候也會用感動的方法來教育學生。弘一大師自律很嚴，他的學生有時候也有不聽話、犯錯誤的。一旦他的弟子裏有人做錯了事，弘一大師就會不吃飯，或者自己跪在佛前懺悔。這些學生嚇壞了，每個人都認錯懺悔，說自己哪裏做得不對。師父甚麼也不說，他只是在那裏一跪，大家馬上就會反省自己，知道自己哪裏做錯了。弘一大師為甚麼會下跪？他也不是用這個方法給學生施加壓力，而是認為這都是自己沒有德行，不能夠感化身邊的人，令他們犯錯誤——他是這樣想的，身邊的人因此被他感動。

從這幾個例子裏面大家知道，用感動的方法去教育人，效果會很大。在日常生活和工作中，要面對一些人，要解決一些問題，不妨用你那一顆感動的心去感動別人，人心被感動的時候可以創造奇蹟。

怎樣感動別人呢？我把秘訣分享給大家。第一句話：「道出常情」；第二句話：「出其不意」。感動要用心沒有問題，在心這個層面上是道，觀世音菩薩是得道者，但是我們大家還沒有得道啊，所以我們先學習用一點方法，學習感動人。這個方法用得好，也能幫助你入道，也能幫助別人入道。

「道出常情」——這句話本來是臨濟宗古德的話，簡單來說，你面對一個難題，要反其道，要超出平常人的反應——比如說有人打你，你躲閃，這是常情；生病時你會苦惱，這是常情；你的員工不認真工作，你會批評他、會生氣，這都是常情；你跟別人談生意，對方說你出十元錢，你討價還價，說我出九元錢，這是常情。有一個佛教界的朋友，他有一次跟人談生意，對方要二十，他評估後認為出十元就可以了，於是與對方談判——注意不要光是感動，做生意當然還是要先談判。最後對方說你看十元可以了嗎？你們猜這個朋友怎麼說？他說，十二元吧！在對方已經接受他提出的條件時，他做了一個讓步，給對方一個意外的驚喜，也打動了對方，因此建立了一個更長遠與穩固的合作關係。這樣一個關係在未來可能會有更廣闊的合作空間與前景。道出常情，出其不意，要感動別人，你需要有更大的心量、更大的勇氣、更大的膽識。當對方被感動的時候，他會接受你、信任你，這是一個心靈工程。

如果我們的生活中多一點感動，生活一定會更加美好。所以，再遇到困難的時候，不妨將困難當成一種挑戰，看看自己能不能利用這個難題去戰勝困難，感動別人，開創你生活工作的新境界。希望大家每一天都生活在感動中，擁有一個感動的人生。

二〇〇七年五月二十四日
於石家莊三字禪茶院的開示

管人管事與管心

我現在要跟大家分享的，主要是我當住持以來的管理體驗。我沒有時間去大學學管理，也沒有看過很多管理的書。我的學習主要是在實踐中學。我有個信念，所有的學問都是從人來的，從人的心來的，我們在實際的崗位中、在實踐中，只要用心掌握前人智慧的大致理路，再慢慢地做，就會得到屬於自己獨有的那種管理的智慧。

三種心態與境界

作為一個管理者，應該保持甚麼樣的心態呢？第一是平等，第二是謙卑，第三是悠閒。這是管理角色應有的三種心態，也是這個角色的三種境界。

第一種心態和境界是平等。

西方人喜歡說平等。「天賦人權，人人平等。」這個平等不是隨便說的，是在上帝面前說的，有這個背景。按我們一般人的理解，這是說人和人平等。我在這裏所講的平等是甚麼呢？是指在一種立法、一個制度面前，大家是平等的。即使你是管理者，在一個制度面前，你跟所有的員工都是平等的。

當然，這個制度有很多層面，比如國家有憲法、法律、法規、條例等等；公司裏也一樣，有不同層次的管理條文；以寺院來說，在信仰面前，方丈和其他出家人是平等的，大家都是為了信仰出家；在戒律面前大家也是平等的——我們受的是同樣的戒，遵守的也是同樣的戒律；還有禪宗寺院的清規，也就是寺院的管理框架——用社會上的話來說就是管理中的遊戲規則。在寺院清規面前，大家是平等的；還有《共住規約》是中國佛教協會頒佈的近二十多年來中國漢傳佛教寺院共同遵行的管理條約。不過各個寺院會根據具體情況修改《共住規約》，比如在柏林寺我們修改過兩次，做了一些調整。淨慧老和尚在初創時期形成的一些慣例與做法也形諸柏林寺的《共住規約》。

在上述種種的管理制度面前，我們大家是平等的，每個人都要遵守遊戲規則，我說的平等是這個意思。

從早期自發、原始的管理模式，變成一種帶有管理意識的管理，這是我的一個進步。有了管理意識，就要有分工，這個部門負責甚麼，那個部門負責甚麼，方丈負責甚麼……這件工作本來應該是這個部門來做的，方丈你先把他做了，那是你有問題。

所以我學習管理的第一個課程就是反觀自己，再有別人來找我，報告甚麼事，我第一個念頭是，這事兒該我管嗎？

當然現在有時候也還會迷失，就是缺這個念頭，然後嘩嘩嘩做了，做完發現，壞了，犯錯誤了：現在有時候有這種情況，我會認錯，開會的時候我會說，錯在我，我就在那一個念頭上錯了，請你們原諒我。這個念頭是甚麼呢？就是每件事、每個問題出現以後，你要非常冷靜地觀察一下，按照立法和遊戲規則，這件事應該歸誰管，歸哪一個部門？既然是遊戲規則，那麼大家都應該遵守。如果一個領導，他自己經常違反遊戲規則，就很麻煩，肯定會有問題，這大家知道的就很多了。

所以作為管理者，首先要知道大家在人格上是平等的，在此基礎上，共同表現出對一套遊戲規則的尊重。

第二種心態和境界是謙卑。

謙卑，是說做管理的人要學會三個本領，傾聽、體察與服務。傾聽，是了解情況，要用耳朵；體察，是要用眼睛觀察，此外還要用心；服務就是要行動，就是僕人。你是管理者，但是你要準備去做僕人，僕人式的管理者。

先說傾聽。古人講，下情要上達——下面的情況上面應該知道，這就比較好，是「地天泰」啊！周易裏有個卦叫泰卦，上面是地，下面是天，地跑到天上面去了，怎麼就泰了呢？那是因為地和天能產生交流。地之氣重濁下行，天之氣輕清上升，地在上，天在下，兩股氣因為各自的特質，自然而然地就開始運行交流了。如果上面的永遠在上面，下面的永遠在下面，彼此之間有隔閡、沒有交流，就不好，就是否卦，與泰卦剛好相反。

那麼上面的你怎麼能知道下面的情況？你要去聽。但是這個聽呢，就很有方法了，問題也最大，你經常會發現，東邊的說東邊有理，西邊的說西邊有理——公說公有理，婆說婆有理，所以聽一定要有定力。因此，傾聽別人講話，在生活中、在管理中都是一個非常重要的修行。

在我的管理經驗中，我將別人說的話概括為三種情況：

第一種話，你聽一下就可以了，不要太當真。對方往往是一種情緒發洩，他只是要你傾聽。這種情況你只要聽就行了，在聽的過程中不斷地安撫他、安慰他，他覺得你了解他的苦衷，並且很理解他，就得到了撫慰。慢慢地，他緊張的情緒就會鬆弛下來，感到滿意，舒服了。只要他舒服了，以後在管理過程中就不會有太大問題。

第二種話，是夾雜了情緒的一些建議和情況。你不要因為情緒而扔掉他的建議，你得做到無我。夾雜了情緒的建議，如果你能傾聽，而且採納他的建議的話，對方會發生一些變化——你們可以想像的變化，從此以後彼此就好相處了，當然管理也就不成問題了。

第三種話，是以純客觀、冷靜的態度跟你講的，這就很難得。如果他是一個普通員工，他能客觀冷靜地向你反映情況，說明甚麼呢？說明他有公心。人越有公心，看問題越客觀。不客觀是因為缺乏公心，有一些私心，有自己的角度和偏執，所以就看不全。如果他是一個普通員工而又有公心，這樣的人就是人才了，你要分外注意他，要培養他。有公心的人能承擔責任，能為大眾服務。

謙卑的第二項內容是要體察。體察可以說是換位思考。管理學中也經常講，要把自己放到他人的位置，因為大家所處的位置不一樣，看問題的角度不一樣，關心的焦點不同。作為管理者，往往比較關心宏觀的、戰略的、全局的東西。下面的人，則比較關心他所在的部門、崗位，以他之所見、從他那個角度出發的得失和利害。所以說你要把自己放下，放到他所在的那個位置，去體會他的感覺。這裏要有一點包容、一點理解，心理學有個詞叫「同理心」，我們不要用一個標準去要求所有的人，讓所有的人都大公無私，這是不可能的。

謙卑的第三項內容是服務。這牽涉到管理的宗旨，管理的最終宗旨是為了人、為了眾生。人是最重要的，其他外在的事物、功利得失不重要。既然是為了人，這就好辦了，你就去成就人、去成全他，成人之美。

服務，在公司裏就是你有時候要為他人的工作提供種種方便，因為他的工作是為整個單位、整個集體的。這種方便有時候是工作上的，有時候是生活上的，服務應該是全方位的。一個人有他的社會角色——他要工作，要承擔社會責任；同時作為自然人，他要吃飯，要睡覺，要上廁所，要生病，要衰老，他有自尊心等等，這些因素都是你要考慮的。你要為他服務，你要體察他各種細微的心理需求，然後再去為他提供方便。

做僕人式的領導，謙卑體現了你的心量和行動力。有一些你覺得有培養前途的人才，你更要有意識地去為他服務，去關照他的成長，包容他的缺點，原諒他的過失。有好事要想着他，有難事要替他承擔。當然有些難事你得叫他去做、去鍛煉，你在旁邊指導他。這真的不容易，有時候這個人哪，一有煩惱的時候他就不是他了！所以你永遠要接納，不要因為他有時候偶爾有些情緒呀、有些錯誤啊，就一下子把他排斥掉了。有時候，別人跟你發脾氣，你都要接受，你要知道，他跟你發脾氣其實是好事，因為他信任你，他覺得你講道理才跟你發脾氣，人家要是不理你，那就危險了。

第三種心態和境界是悠閒。

這是我想像出來的，不過偶爾也會有這種體驗。做管理者不是很忙，是個閒人，經常這兒轉轉，拍拍這個肩膀說兩句，請那個來喝喝茶呀，聊聊天之類的，表面上看挺輕鬆，實際上都是像點穴似的，一下子解決所有的問題，這就比較悠閒。要能做到這樣，得經過一段時間的努力。一個管理者要能做到很悠閒，他就是成功的。

我們用周易的乾卦來說明這個道理。乾卦第一爻的爻辭是「潛龍勿用」，第二爻是「見龍在田，利見大人」，第三爻是「君子終日乾乾，夕惕若厲，無咎」，第四爻是「或躍在淵，無咎」，第五爻是「飛龍在天，利見大人」，第六爻是「亢龍有悔」，後面是用九，爻辭是「見群龍無首，吉」。

龍這種動物在《周易》裏象徵陽氣和生命力。第一爻「潛龍勿用」，是生命力還潛伏着，沒有生發，陽氣在下；「見龍在田」，龍是一種象徵符號，田是南方那種淺水的田，見龍在田，說明它開始初露頭角；第三爻，是說這時候它在積累，所以「終日乾乾」——乾乾就是很努力、很精進，「夕惕若厲，無咎」，早晚都很用功；第四爻就開始試身手了，它在「淵」，淵是水很深的湖或潭，它在那裏面飛翔，展現它的雄姿；到了第五爻「飛龍在天，利見大人」，它已經一統天下，得到了絕對的主動權，很自在；但是這時候也有一個危險，它會得意忘形，最終就導致「亢龍有悔」，就像月亮圓了會虧一樣。

乾卦還有一個用九，「見群龍無首，吉」，這裏的「見」也可以讀「現」，就是顯示出來的意思。這群龍無首很有意思，就是講要無為而治，說的是在一個團隊中，思想、文化、權力的多元化。但是這種多元呢，又要有統一性，在統一前提下的多元化。所以，如果你的團隊達到這個境界，有統一性，有一個大家公認的價值藍圖，同時又權力多元化，下面各部門都很有權力，很有主動性、積極性——群龍嘛！不是獨龍，是很多的生命力——那我就要恭喜你了，你這個管理者當得很成功。這裏面沒有一個領導者，是大家絕對要聽他的。

有人會問，那我在哪兒呀？我算甚麼？這對你來講就是一個挑戰了。在一個單位或一個國家，如果是一言堂，特別集中，萬眾一心，其實有時候是危險的，會「亢龍有悔」的。了解了事物的發展規律，全身而退特別重要，因為你要知道，你的影響力太大了之後，下面都崇拜你，那就麻煩了，你應該退下來。

在世界上的國家領導人裏面，有一個人很了不起，就是法國前總統戴高樂——他相當於有意地培植了一些反對勢力，最後自己下台了，當然這裏面還有很多複雜的社會因素，但是他本人願意這樣選擇，是有心理準備的。以他在二戰中對法國的貢獻，他繼續再幹，權力越來越集中、越來越膨脹，可能對國家不利，所以他的這個選擇是正確和有智慧的，令人欽佩。

每一個當下的人都是目的

在管理中，我們經常會遇到人和事的矛盾。特別是學了佛以後，你再管理這個公司，經常會遇到這樣的矛盾：學佛的人要慈悲，可是又要做事，怎麼辦呢？這個矛盾哪裏都有，寺院裏也有。我們知道對人要寬容、要慈悲，可是做事有做事的規律，事情的規律往往是由成敗、得失、效率、競爭這些因素控制的。如果用佛法來觀察的話，這個矛盾相當於慈悲心和智慧的矛盾。對人要有慈悲心，可是事情要把它做成，還需要智慧。

有時候你會面臨這樣的情況，為了一件事要犧牲一些人。比如現在有些企業裁員——企業不是慈善機構，面臨生存壓力有時只好裁員。在寺院的管理中，這個矛盾比企業要好一點，為甚麼？因為寺院管理的最終宗旨是為了人，一切都為了人。這就牽涉到一個很微妙的問題，甚麼是慈悲？從管理的角度，我們可以這樣來定義：永遠不要把別人當作工具。只要你把一個人當作工具來用，就沒有慈悲，這個定義可以廣泛地用於觀察所有的人際關係。

慈悲，是每一個當下的人都是目的。在慈悲的原則下，人沒有多數和少數。為了多數人犧牲少數人，為了很多人犧牲一個人，不能這樣處理問題。如果個人願意這樣，那是個人的自我選擇，但是我們不能要求一個人為了多數人犧牲自己，也不能要求少數人為了多數人犧牲自己。

如此一來，管理就有了麻煩，很多事情，你照顧了他，事情就做不了了。這牽涉到無常。無常是所有發生在這個世界上的事件的共同背景和基礎。所以慈悲不是給這個人營造一個溫室、給那個人營造一個溫室，使他們不受無常的侵害、不遭受任何壓力——注意，這不是佛教的慈悲，倒有些像外道的慈悲。

無常是我們所有的人都要面對的一個情況，也就是說，整個社會環境的變化，不管是外部的還是內部的，這種變化所帶來的壓力，應該通過機制傳達給所有的人——不是由管理者一個人承擔，下面的人都感覺不到無常。要讓所有的人都感受到這種變化和無常。當所有人都感受到無常的時候，大家就能理解當前的局面、理解管理者的做法。這時候，大家在共同面對無常的基礎上，依照共同的遊戲規則行事，不同的人因為有不同的角色、不同的待遇，因而就有不同的結果。這好像很冷酷？無常就是冷酷的！無常何曾和我們商量過，說：嘿，現在無常來了！這樣處理問題，也是隨順因緣，這時候你需要用智慧讓所有的人理解。如果你能讓所有的人都和你站在一條陣線上去面對所遇到的問題，那麼每個人自然而然就會明白他應當怎麼做了。當他明白了這一點以後，就能接受變動，就不會有矛盾產生。

當然，在具體操作上，你還可以通過把管理者的角色和私人角色區分開，來體現你的慈悲。作為一個管理者，這是一個社會角色，整個團隊面臨無常的挑戰，大家該怎麼辦就得怎麼辦，沒有商量的餘地；但是作為個人，那就是另外一個角度了。你可以給他建議、給他實際幫助，那是你自由的空間。這是在做事的時候，如何智慧地處理慈悲心的問題。

棒喝、針刺與旁敲側擊

我剛當住持的時候，有時候早上吃飯表堂，曾有兩個師父直接跟我說過：「你講話跟老和尚不一樣，老和尚講話，讓我們聽了知道自己的錯，同時也很有信心；你講話讓我們覺得很冷，很沒有自尊。」他們說得很對。我原來是有一個毛病，批評人的時候喜歡一針見血，我稱之為針刺，總是從一種文學的角度、用形象的語言讓對方印象深刻。痛，可是還喊不出痛來，這叫針刺。這種說話方式是哪兒來的呢？我覺得與魯迅有點兒關係，我們在中學學過很多魯迅針砭時弊的雜文，對吧？他的文字是陰冷的，也有人將他的文字比喻成匕首，匕首也是冷的呀，還不如斧頭。這樣說希望魯迅先生不要見怪，我把自己的錯推到他身上了。不過我們受的教育對性格的養成有影響，這是毋庸置疑的。有的人對這種說話方式很抵觸，可是他又說不出來，以後就不願意跟你合作了。

那兩位師父直接點醒了我，我非常感恩。現在每當要講話的時候，我都會想到他們給我的批評，受用很多年。以後我就比較注意講話的方式了。禪宗講「棒喝」，就是正面說、直接就罵他。有時候「罵」會拉近人與人之間的距離。你罵他、責備他都沒事，就是不要諷刺他。

我原來有針刺這個毛病，現在基本上改掉不用了。現在我主要是從側面說話，側面說話也是用棒，但是用棒側面的敲一敲，我習慣於這樣——當頭棒好像也不是我的風格，學不來。現在我只能用棒點一點。這個「點」有很多方法，有時候從正面點撥，有人有缺點，你鼓勵他，或者你讚嘆其他人，相形之下，他自己就能明白；有時候你不講事，講理——從理上講，每個人都要比照着這個理來看：「哦，對了，我是有問題」，所以你講一個一般性的道理，給別人以啟發，這是一種很好的方法。

如果說棒喝的方法是陽剛的，針刺就是陰冷、陰柔的。側面啟發也屬於陰柔婉轉的方法，但是別人較願意接受。以現代人的根性來說，更適合於側面啟發，現代人不適應棒喝，更不適應針刺的方法。

慎言他人的過錯

在菩薩戒中，有「不說四眾過」的戒律。受戒的人如果犯了這條戒，其過錯的嚴重程度和殺人差不多。有好幾年的時間，我對此很不理解，因為在管理的過程中必定會涉及人的長短是非，為甚麼會有這條戒律？而且你怎樣才能做到呢？

現在我心裏沒有這個問題了。我是這樣想的，就是你受的戒、你發的願是一個絕對，這條戒是佛陀這位一切智者出於慈悲而為我們凡夫所制定的，你不理解，一定是你沒有智慧，你還沒到理解的時候。

前面提到，管理的最終宗旨是為了人，一切是為了人。寺院管理就是為了人的轉化，為了人的進步和覺悟，這是管理的最終目的。在這樣一個前提下，雖然每個人都有不同的個性，有很多習性，優缺點互現，但總體來說，大家都是平等的，沒有好人也沒有壞人，特別是沒有壞人，所以你沒有必要去強調別人的過錯和缺點。

現在的管理也很重視溝通，溝通的媒介是語言和概念。但是你們有沒有發現，語言和概念，一旦從嘴裏說出來，就像有了生命一樣，像一顆種子落到了地裏，它會一直在這個概念的方向上相續，形成強大的力量，乃至於被概念所框定的那個人都接受了——原來我就是這樣一個人，我就是個壞人，或者我是一個懶惰的人，等等。人被這個概念統治了。不要忘記，我們的宗旨是要轉化人，即使有一個人劣根性不改，有很多缺點，但從根本上來講，你的目的還是要教育他、影響他。所以在管理中，涉及與這個人相關的溝通，就要特別慎重，切記不要亂扣帽子，以免把人框死了。有時候你隨便一說，這些話被身邊其他的人接收到，被管理體制裏面的人接收到，那個被概念框住的人就被定了性，幾乎沒有再改變的希望了，這與我們的初衷相悖。

所以作為一個管理者，語默之間要特別慎重。你留心自己說出去的話，就相當於一種溝通資訊的管理。你要看到所有的人，他有他的劣根性、自尊心、自我保護意識和各種各樣的習性，這些東西在你出言之先都要考慮到。我們的宗旨是要把所有的人變成朋友，做一個沒有敵人的人，這是另外一個絕對命令。所以，這就要求我們在語默之間要有技巧，有的話要說，有的可能心裏明白就行了，不要說出來，不要去表達它，更不要去傳播它，然後通過積極的工作去轉化那個人，把敵人轉化成朋友。這可能是寺院跟公司不一樣的地方。寺院的最終目的就是要教化人、轉變人。

不久前我收到一封信，是我們這兒東門村的一個村民寫的。他是這裏的一個普通講解員[1]，信中反省了他們這些人過去的錯誤，認為自己素質太差，給寺院造成了很多問題，責任在他們等等。他也對寺院為他們提供的種種條件與教導表示了感謝。這封信寫得很好，令我很受觸動。這也證明只要我們的言行立足於教化人、為別人好的基礎上，最終我們所交往的對象就可能會被感化，我們就沒有對立面了，會處在和諧的人際關係當中，生活在和諧的世界裏。

正視無常

有句俗話叫「計劃趕不上變化」，說的就是世事之無常。無常，實際上是這個世

---

1 由於內地多數寺院不提供導遊服務，常有當地人為了賺取香客錢財，擔任導遊或講解員。這些導遊很難監管，因此，向遊客兜售劣質香，甚至騙取遊客錢財的事件時有發生。寺院通常會張貼警示提醒遊客不要受騙。

界的生命力之所在——機遇在無常這裏，挑戰也在無常這裏；世界的可愛在這裏，世界的缺陷也在這裏。我們要訓練自己接受無常。

無常帶給我們兩方面的影響。一方面是負面的影響，比如發生了經濟危機，很多公司感受到無常的厲害，其實無常平時就在那裏，只是我們沒有注意它。管理學稱之為風險或者危機，平時我們沒有發覺，當經濟出現大的波折，我們才發現它。這時候，要正視無常的負面影響，直面困難，直面變化和挑戰，我們才能將事情繼續做下去。

無常也有正面的作用，正是因為無常，我們才有機遇和出路，才有生機和希望。所以接受它的負面影響，把握它給予我們正面的機會，這是一個有智慧的管理者應該做的。如果你不接受無常，想追求一個你心目中的完美境界，那是追求不到的，這個追求本身就是最大的痛苦。我們可以有一個美好的願景，朝那個方向慢慢地努力，但是你想短時間內非常功利性地實現它，那你就會很煩惱。因為世界上沒有最好的，只有可接受的。甚麼是最好的？你能接受的就是最好的。最好的就在你心中。它有時候是你的妄想，你放下了這個關於最好的妄想，就是最好的。

二〇〇九年三月二十二日
於柏林禪寺指月樓對生活禪高級研修班學員的開示

禪與企業管理

我覺得禪是可以用在企業管理上的，比如說對員工心理素質的培訓、工作態度的訓練、團隊精神的建設，也包括對企業家人格的塑造。

現在不管是在中國還是在西方，企業裏工資最高的是誰？總裁，總經理，首席執行官。在美國，他的工資是普通員工的幾十倍、上百倍。為甚麼？因為一個企業的成敗，很大程度上跟這個首席執行官有直接關係。這個總裁的人格、智慧開發的程度、應變能力，組織團隊突破障礙開拓進取的精神，都會影響企業的發展。在今天的社會，雖說我們要法制、要制度化，要民主、要大家都參與，但是這個領導人還是很重要。

現時代跟古代相比，有很大的變化。中國古人的人生觀是「格物致知，正心誠意，修身齊家」，先修養自己，然後是家庭，最後才是治國平天下。所以古代社會的整合，是從人的自身修養和他在家庭生活中的作用擴散開去，先有家，後有業。現在是先立業再成家。起碼要找一個好工作，有一些資本，有住房，有一點存款，然後再成家。所以我覺得，從影響社會精神、陶冶人的心靈角度來說，企業是現代社會中一個很重要的元素。古代首先是把家庭作為很重要的元素，現代社會家庭也同樣重要，但是企業對人心的影響，對一個人素質的培養，已經逐漸起到越來越重要的作用。基本上，現在人在家裏待的時間比較少，在企業裏則是每天最少八個小時，還有一些時間是在社會上——酒店、餐廳等，幾口之家聚到一起的時間很少。按照傳統，人格教育的落實是要在家庭環境裏，跟爺爺、奶奶、父親、母親在相對封閉的環境中完成，但是現在，往往只有到過年過節的時候全家人才能聚齊。所以說，企業管理、企業文化，以及每一個企業領袖的影響，就很重要，他直接影響整個社會。比較古代來說，社會活動的重心，一方面是分散了，另外很大一部份由家庭轉移到企業這個世界裏面來了。在企業裏面，可以對人進行再塑造、再教育。人格的提高與轉化，在企業裏面成為可能。

再進一步來說，我們是不是可以把禪的訓練方法，像打坐、參禪，以及禪的一些精神，比如說「大死一番」[1]的精神，運用到企業管理中來呢？企業可不可以大死一番呢？我覺得有很多企業需要大死一番，對那些保守落後的東西進行清洗淘汰，然後注入新的血液，大死大活，全體承擔，轉身向上，不要滿足，不斷地前進，對所達到的境界不斷地超越、不斷地突破。從這個方面來說，我相信精通企業管理的人能懂一些禪文化，會有很大的作為。

下面我想講講企業活動中的禪心。這不僅僅是針對企業管理者，也針對每一個成員。從禪的角度來看，企業活動中有幾個問題應該認真對待：第一，在工作中享受人生；第二，在逆境中開發心靈；第三，在團隊中超越自我；第四，在人性中認識佛性。

在工作中享受人生

首先說在工作中享受人生。前面講到生活禪的理念——在盡責中求滿足，在義務中求心安。這是要我們轉化工作態度。其實東方文化薰陶下的中國人，對待工作跟西方人不一樣。工作是實現我們人生價值的很重要的內容。馬克思說，只有到共產主義社會，勞動才會成為自由的勞動。人自主地選擇勞動，心甘情願地去勞動，不是被迫地勞動，不是為了謀生去勞動。馬克思的這個理論，如果以禪的理念來說，不用等到未來，當下就可以實現。怎麼實現呢？只要轉化心態，具有享受工作、享受勞動的心

1 大死一番：禪林用語。指佛教真理乃是捨棄身心之一切執着（大死）而達於絲毫不掛之境界始能得之。

態，就可以做得到。

人的價值是在勞動和工作裏實現的，以正面的心態去對待工作和勞動，對一個企業來說非常重要。我們不要把工作當成一種手段，為了到月底領工資或獲得很多物質條件的手段，工作本身就是目的。在工作的過程中，人就活在那裏面、安住在那裏面、實現在那裏面。心念一轉換，工作就成為人生的享受。

古代的禪宗寺院是有地的，出家人每天都要勞動，叫「出坡」。很多禪師都是在鋤地、種茶等勞動中開悟的。比如有一位香嚴智閑禪師就是很好的例子。他修行了很多年都沒有開悟。有一天鋤草的時候，撿起一個瓦片，無意中擊在竹子上，發出清脆的聲音，他頓時開悟了。又如百丈禪師的一位弟子，有一天大家都在地裏勞動，到了要吃飯的時候，廟裏就打鼓，這位師父聽到鼓聲，哈哈大笑，開悟了。他勞動的時候沒有想工資，沒有想利益得失，只是很專心地勞動，心裏是空的，所以當他聽到鼓聲的時候，心靈上發生很大的突破，哈哈大笑，轉身就走了。回到寺院以後，百丈禪師把他叫來，問「你剛才笑甚麼」，要勘驗他一下，看他是真悟還是假悟。這個禪師說：「哎，沒笑甚麼。因為我肚子餓了，一敲鼓，我很高興，就回來吃飯了。」這是他的回答。還有一位禪師，他在田裏翻地，先用犁耕起來，再把土坷垃砸碎。雖然在勞動，但他的心還是在修行狀態裏。他拿起工具，對着一塊土坷垃砸過去，土坷垃碎了。就在這一擊之下，他開悟了。禪僧的勞動，是在勞動中修行，在勞動中參禪。

我們不可能讓每一位員工都去參禪，但是我們可以安住在當下，仔細地做好每一件事，這本身就是修行，就是生活禪的要點。你勞動就勞動，就享受你的勞動，觀照你的勞動。在寺院，每天出家人都要掃地。師父教導我們說，你每天就把地掃乾淨，你掃地的時候就掃地，甚麼都不要想，那就是修行。所以每天我們就按照他說的去做。我們的寺院離石家莊只有一百里，有一天我接待一位在家人，他很激動地找我。我說你有甚麼事？其實他沒有甚麼事，他只是想跟我說他的體驗。他並不是佛教徒，但是那一天他到柏林寺，看見一位師父掃地，突然領悟到一種內心的寧靜，這是他以前從來沒有體驗過的。原來內心還有這樣的一種寧靜！可能他也沒有看清那個師父的長相，也沒有交流，也沒有任何語言，只是看到那個師父專心致志地掃地，就使他的內心有所觸動。所以勞動很神聖，工作很神聖。

法國畫家米勒有一幅作品，叫《晚禱》，畫的是一對農民夫婦在農田裏勞作，遠處教堂的鐘聲傳過來，他們就把手中的活停下來，傾聽遠處晚禱的鐘聲。這幅油畫很美，也很有名。它的美、它的有名，與它的主題有關係。勞動在生活裏，是形而下的、很具體的，然後有崇高、神聖、超越的晚禱在召喚，兩個人在那個時候，非常寧靜，非常安詳。這幅畫的魅力從這兒來，這是這幅西洋畫所表現的。如果以禪的角度來看，那就不需要晚禱的鐘聲，每時每刻全力以赴專心致志地做好你的工作，就很神聖，就足夠了。每時每刻都是一幅《晚禱》，不需要等鐘聲響起來。從這裏我們也可以看出東西方的不同在哪裏。西方的神聖來自於外在的召喚，而在東方，我們自己的心性在當下的工作裏，就在放光，就在體現，就在流露，你就是世界的中心。最重要的事情凝聚在當下，人生的價值就凝聚在當下，那個時候就是最大的享受。工作是最大的享受。

從過去到現在，從西方到東方，到目前為止，大概所有人都希望工作的時間少一點、假日多一點。現在我們國家是雙休日，在法國，一個禮拜的工作時間是三十五小時，每個星期工作五天，每天工作七個小時。這是經過工會罷工、抗議、交涉才得以實現的。其他時間可以用來休閒、旅遊，用來聽音樂、玩兒。因為有過緊張的工作，休閒才成為休閒，才顯出它的吸引力。如果某一天，老闆說你從明天開始不用來上班了，永遠休閒啦，那麼這個休閒，對於他就是壓力和包袱。很多人退休以後，一下子變得無所事事，沒有抓撓，好像是宇航員上天失重的那種感覺，心理平衡被打破了。

我們工作的時候想休閒，我相信也有很多人在休閒的時候會想到工作。我們上學的時候好像也是這樣。上課的時候盼放假，放假以後過了幾天癮就盼開學。人的心老是在擺動，它就沒有說上課就享受上課、休閒就享受休閒，老是在不滿足中擺來擺去的。我相信到了未來的某一天，到社會的生產資料極度豐富、工作效率提高到一定程度、資源配備非常合理的時候，也許我們每週工作兩天，然後休息五天。那時候工人們可能會遊行抗議，找老闆談判：「讓我們多工作」——我相信他們會倒過來。所以工作很重要，要在工作中享受人生。

在逆境中開發心靈

第二，在逆境中開發心靈。禪者開發心靈需要大死一番。心靈本具的智慧，需要超越、突破我們固有的習慣，固有的愛憎、種種情緒，固有的知見、看法，才可以顯現出來。在工作中，在企業活動裏，困境、逆境大家都會遇到，不過在困境和逆境面前，每個人的表現不一樣。有的敗下來了，有的走過去了，突破了。突破了的，會得到提升。我們的心，就像一把刀。我們要讓刀鋒利，得用石頭去磨它。我們的心要讓它放光，讓它的智慧出來，和風細雨是不夠的，完全順着它是不行的，要讓它難受。這個難受就是壓力啊。

在壓力之下，我們內心的智慧就會被壓出來，很多潛能會開發出來。以正面的心態去面對壓力、面對逆境、面對你平時不喜歡的，這是我們修禪的人的心態。

有成就的人，不管是佛教高僧，還是世間的英雄豪傑，無不是經過種種逆境、種種磨難，最後才成就。他們心理的承受力超出常人，他們心理的平衡穩定性超出常人。因為他不止一次地面對逆境，不止一次地面對壓力、承受壓力，在逆境中發展。在禪宗的傳統裏，有時候你問，甚麼是佛？禪師就直接跟你說，那就是。有時候禪師不用這種方法，你說甚麼是佛？當頭給你一棒。臨濟禪師就是這樣。他三次問他師父，師父三次打他——也不給他答案，就是打他。哎呀，沒辦法，百思不得其解，不知道自己錯在哪裏。後來去找另外一位禪師請教，那位禪師說：你師父這是婆心苦切，婆心那麼切你還不明白。一句話，他開悟了。但是這個開悟，是與他三次挨棒分不開的。還有雲門禪師，他去拜訪一位老禪師，每次去問他，那個禪師都不理他，轉身就把門關上。去了幾次都不理，最後一次他說我這次非要問他不可，所以當老禪師轉身關門的時候，他把一隻腳插進去，硬要闖進去，可是裏面的師父不讓他進，使勁關門，把他的腿夾斷了。就在夾斷的那一剎那，他突然開悟了。雲門禪師是這樣開悟的。也就是說，我們內心的潛能，如果不經過磨練與苦痛，用禪宗的話講，如果不經過毒辣的鉗錘，它沒有辦法迸發出來。所以對人生的一切逆境、壓力，讓我們鼓掌，讓我們歡呼，勇敢地迎接它。當然如果沒有你也不要去求，故意去偷點東西讓警察抓你，那也沒有必要。生活裏總會有困境來到的時候，不要逃避就行了。

在團隊中超越自我

第三，在團隊中超越自我。佛教講無我，無我的體證可以通過禪修，也可以通過團隊生活完成。團隊裏有很多同事，有的人有長處，有的人有短處，這許多的同事，就是我們反觀自己的一面鏡子。團隊生活對於一個人非常重要。出家人很注重集體生活，僧人的「僧」字是梵文 Sangha 的音譯，它的意思就是「和合眾」。不是一個人，起碼四個人以上的團體才叫僧團。通過團隊生活，我們能進一步地豐富人性，因為在團隊裏我們知道友愛，知道幫助，知道理解別人，知道謙讓，知道妥協，等等。這些都是我們豐富人性的機會。此外在團隊裏，我們還能夠觀照自己的過錯和不足，也能觀照到自己的長處。在團隊配合裏，特別容易超越以自我為中心、唯我獨尊的思想觀念，因為你要有傾聽不同意見的心量，別人怎麼說，你能接受、接納，慢慢地心量就會擴大，眼界就會開闊，智慧就能提高。

企業是一個大團隊，每個工作組是小團隊，每一個工作層面的班子都是一個團隊。很多人喜歡一個人單獨把一件事幹得很漂亮，然後特別享受；但是還有一種享受，就是在一個集體裏，大家互相默契配合，把一件工作做得特別出色。那種享受更是難以言表，大家一定都很有體會。善於在團隊裏通過集體配合把工作順利完成的人，當他單獨去做事情的時候，他也一定能做好。善於被領導的人，一定也是一個優秀的領導。被領導有藝術，領導別人同樣也有藝術，裏面的道理是相通的。人是社會關係的總和，要在團隊中超越自我，在人群裏提高自己，在集體生活裏磨練自己。

在人性中認識佛性

第四，在人性中認識佛性。前面講到佛性，講到了生活禪，我們不能把佛性跟人性割裂開，佛性就在我們每天的見聞覺知、視聽言行之中，在我們生命活動的每一個當下。佛法所講的慈悲和智慧，離不開人類文明，裏面有很多價值——真善美的價值。無論是人性的優點還是缺點，處處都能體會到佛性的光芒。我們要認識佛性，不是要在另外一個地方、另外一個世界，就是在有缺陷、有苦難的人世間。在這裏，人性會放出佛性的光芒。佛教講，天上的人很幸福，沒有痛苦，全是快樂和享受，但是佛教認為天道不是修行人最佳的選擇。因為它只有快樂的一面，不太容易體會到痛苦和無常。天人的壽命長，要吃的馬上有吃的，要穿的馬上有穿的，非常有保證。在這樣的境界，人性不會放光，只有在有苦難、有缺陷的地方，人性才會放光。只有人才會捨己為人，犧牲自己、成就他人，有奉獻，幫助他人和救濟他人，等等。人性的美德，都是在有問題的地方、有問題的時候才會放光。這裏講人性的放光，就是講人超越動物的那一面。一方面人就是動物，另一方面，人有超越動物的那一面，人不完全是按照利益去反應，他不完全符合動物界的反應原則。當然現在生物學研究的結果，認為即使動物裏面也有捨身為其他動物的，也有愛，也有犧牲。但是總的來說人是突出的。人超越於動物的這一面，發光的這一面，就在於道德行為裏的捨己為人，犧牲自己，忍耐、創造、超越、突破。企業是一個大的集體，我們有很多機會看到人性的光明和黑暗，看到人性中有希望的一面和沒希望的一面，我們能有機會看到這一切，最後會理解它、接受它。理解了它、接受了它，那麼離認識佛性也就不遠了。所有人性裏面的醜惡都有可能發生在我們身上，我們完全有可能變成希特勒。我們的瞋恨、以自我為中心的觀念不斷膨脹，就會是希特勒；我們的排他思想不斷膨脹，就會是本・拉登。我們的每一個欲望、每一個缺點，只要讓它放任地發展，就是我們人類社會文明裏面最醜惡的那一部份。

這都是從我們的人性裏發展出來的。理解了這些，我們就能理解「佛性本清淨，一切善惡都在佛性的大海裏，都是佛性大海上的波浪」這句話。

大家可以從每天的活動中去體驗禪心，在工作中享受，在逆境中開發，在團隊中超越，從這幾個方面在人性中認識佛性。解放前有一位太虛大師，寫了一首非常有名的偈子：「仰止唯佛陀，完成在人格。人成即佛成，是名真現實。」我們把人生的價值定位在成佛，我們所景仰的是佛的人格，但是要落實在人格上。我們把人格豐富了、圓滿了。把人性認識了，成佛也就不遠了，這是最現實、最真實的。

二〇〇三年十一月二十二日

於北方交通大學人文社會科學院對企業家的演講（六）

【輯三】

禪·修

迷時妙法成生滅，悟後三千去來無。
非權非實法之本，心佛眾生性匪殊。

明海

安住當下的修行

《大方廣佛華嚴經．淨行品》中，智首菩薩在華嚴法會上問文殊菩薩：如何得到清淨的身口意？如何得到修行的功德？智首菩薩的問題很長，主題就是菩薩如何得到修行的最大利益。

文殊菩薩先讚嘆智首菩薩的提問很好，並以偈頌的形式回答他。其中有句話很重要：「若諸菩薩，善用其心，則獲一切勝妙功德」，這是修行的核心。後面的經文也告訴我們要在生活中善用其心，內容涉及出家人的生活，也涉及在家人的生活。偈頌中講到，在任何一種生活情境下，我們在看、聽或做事情的時候，都要發願，「當願眾生」如何如何，這實際上就是我們可以在日常生活中修行的方法。

這種修行的側重點不在於我們如何去轉換外在的環境，而是我們要在生活的每一個環境與機緣中學會用心。古人也講，愚笨人修行，總是在環境上動腦筋；聰明人修行，能夠善用自心來轉化境界——所謂「愚人除境不除心，智人除心不除境」。經中提到的情景有一百四十一個，我們在生活中面對的情景顯然不止這些，可以說是不計其數。這品經給我們的啟發是，無論甚麼樣的情景，我們都有可能去轉化這個境界，在內心生起修行的功德。

安住當下

我們先來透視這些偈頌的結構。

菩薩在家，當願眾生，捨離家難，入空法中。
孝事父母，當願眾生，一切護養，永得大安。
妻子集會，當願眾生，令出愛獄，無戀慕心。
若得五欲，當願眾生，捨離貪惑，功德具足。
若在妓樂，當願眾生，悉得法樂，見法如幻。

第一部份的開始，即從菩薩在家、孝事父母、穿衣吃飯、睡覺早起、和別人聚會等等說起，這一切所揭示的核心就是修行要安住於當下，修行的訣竅就在安住當下。我們生命的每時每刻都在綿綿不斷的遷流變化之中，過去的已經過去，未來的還沒有到來，現前的一切也在念念生滅當中。

禪所指的當下並不等於現在，普通人對現在的感受包含了我們種種的執着。當下是動態的，就是我們現前不斷的活動、活躍、發出意願、生起念頭的「這個」，「這個」永遠都是活的，永遠都是新鮮的。我們修行就是要在「這個」上用功，讓心從對過去的攀緣和對未來的焦慮中解脱出來，把我們的心念孤立起來。

安住當下，不涉及外在的境界，不涉及是在寺院、家裏還是禪堂、大街上，也不涉及你是老人、年輕人、病人還是好人……與這些都沒有關係。這個當下永遠是新鮮活潑的，它既是萬法的樞紐，也是我們走向覺悟之門。我們從「當下」這個門走進去是最現實的，永遠不會落空的。

在佛教的禪觀裏，安住當下的修行有很系統的內容，比如四念處、八正道中的正念，就是要我們在生活中對外在的每一個情景都保持覺照，然後安住。從心理學角度來觀察，安住包括專注與透視這兩點。我們平常做不到安住當下，主要有兩個原因，一是我們整天生活在各種概念、思維觀念及後天接受的價值觀、意識形態裏面，我們執着於所看到、聽到、想到的一切，而不能做到與事物的真相接觸；二是我們心裏有太多的情結、情緒與煩惱等。人的一生就像一條河流，往往身不由己地順着自己的意識、情緒之流漂流下去，不清楚最後會流向何方。所以，安住當下是要在每一個「這個」的一刻，把我們的心凝固、凝聚、凝注起來，相當於「雲門三句」[1]中的「截斷眾流」，在每一個當下自己都要立住、站穩。

安住當下，首先是要在社會這個滾滾洪流之中找到自己，不擇時間、不擇地點地找到自己的心。關於修心的具體操作就是我們學習打坐時的數息、觀息及參話頭等，將心全力以赴地放在那上面。所以，偈頌的開篇總領安住當下、正念覺照的法門。

當願眾生

安住當下，是我們轉化當下的開端，但在《淨行品》裏，轉化的工作不是從覺照進入的。可以說修行有兩個門，一個門是偏重於從空性智慧進入的；另一個是像《淨行品》所講，從慈悲心、大悲心進入的。所以，在第一句之後是「當願眾生」，這個「當願眾生」會把我們生活的每一個內容，每一個環節進行轉化，賦予它一個意義。生活的本質不在於外在的現象，比如是一個窮人的生活，還是一個富人的生活，是一個讀書人的生活，還是一個農民的生活等等，而在於對所做一切的理解，在於我們的

1 雲門三句：是雲門宗的祖師雲門文偃禪師用以接化學人的三種語句，即：函蓋乾坤、目機銖兩、不涉萬緣。

心賦予生活以怎樣的意義。《淨行品》是要讓我們自己做主，用我們內心的光明、慈悲及與菩提心相應的善願而賦予我們的生活一個深刻的內涵。就像臨濟禪師講的「隨處作主，立處皆真」，只有我們做了自己心靈的主人，才能將黑暗、被動的生活因內心意義的開發而變成光明、主動的生活。

一般人常會覺得活得很累，經常抱怨，但是我們內心本具的光明如果能開發出來，生活就不會覺得累，而會成為一種享受。作為佛教徒，誦經、打坐是修行「充電」的一種必要方式，但修行還遠不止這些。我們所面對的世界是豐富多彩的，每天要面對各種各樣的環境，講各種各樣的話，我們必須要應對各種環境和情節。做得了自心的主，可以說是修行的第一步。如果我們在生活裏還沒有做主，說明修行還沒有真正開始。按照臨濟禪師的「四料簡」[2]來說，第一步要體驗到內心的主，「主看賓」或叫「騎聲蓋色」，聲色是指外在環境。這需要通過修行才能做得到，如果沒有修行，就會像古人常講的「認賊作父」、「心隨物轉」。

修行的第一步就是用心轉物，而不被物轉，做到這一步，我們內心的修行功德才會念念相續、增長起來。所以，《淨行品》偈頌中的「當願眾生」是引領我們從慈悲這個門進入佛性、進入我們的心海。一旦從這裏進入，我們就會有很多發現，我們會看到一個人生命的價值不在自我如何，而在於是否能夠通達與眾生一體的大悲心，這個心也即諸佛的心。《華嚴經》云：「心、佛、眾生，三無差別」，眾生與佛相同的這個心，不是我們平時的妄想、妄念。平時的這個心是很膚淺、自我中心的，被各種先入為主的「有色眼鏡」所局限。因此，這個法門的第二個要領，是在每一種情景下我們都要在內心生起「當願眾生」這樣的願。

研究這些偈頌，大家會發現，「當願眾生」對應的內容是跟我們所處的環境相關聯的。比如「正身端坐，當願眾生，坐菩提座，心無所着」，表達的是希望眾生都能坐在覺悟的座位上，內心沒有執着，很自在解脱。所以，在安住當下的前提下，將我們的行動變成一種思想。行動成了行動者的思想，而思想也成了一種外化的思想中的行動。這兩點是互相增上的，願、善念只有外化到語言與行動中的時候，才會變成現實與力量，才會逐漸得到強化。如果在做每件事情的時候，都能夠生起「當願眾生」的善念，我們的心量必定會越來越廣大；隨着心量的擴大，我們生活的天地會越來越

2 四料簡：為臨濟宗祖師臨濟義玄所施設，即能夠應機應時。與奪隨宜，殺活自在地教導學人的四種規則：奪人不奪境、奪境不奪人、人境俱奪、人境俱不奪。

寬廣；而這個心量會隨着我們生活的延展逐漸得到強化，一直強化到把我們的自我中心、身心裏面的煩惱與偏執這一切覆蓋住，進而使自己發生一個蛻變。就像種子在地裏生長，自己超越自己，自己否定自己，修行也是這樣。

為甚麼我認為這個修行很適合現代人呢？如果我們側重於從空性的智慧去進入，有時候難以把握，而且有可能落在旁邊，而「當願眾生」的慈悲心與善願則是很好把握的，也很容易感受得到。這種修行較容易突破自我中心，使我們生活的每一個內容都能與眾生相關聯，與成佛相關聯，將修行成佛這件事落實到每一個當下。

轉化的力量

大家還要注意，偈頌裏所講的這些境界有三種，有開心的、合意的；也有不合意的，比如看到病人，看到自己生病，看到殘疾的人；還有中性的，既沒有特別好的感受，也沒有特別壞的感受。當你在好的感受之下，比如你今天得了一萬元錢，這時你發願眾生能和自己一樣都能得到財富，這個願對你可能不太困難。但是，當你處在逆境下，還要發願以你所處的逆境為增上緣，然後增上，這就有點難，需要勇氣，要有一種把生活中所遭遇的每一件事都進行轉化的力量與氣度。

我們親近善知識其實也就是學習這些。就像我親近我們師父淨慧老和尚，看到他的心彷彿永遠都不會失敗。因為任何一個外在的得失、是非等境界，他都能當下地轉化它，把它變成修行，這個轉化、放下的能力就是一種功夫。師父平時經常講的一句話是「也好」，我們平時要和師父討論一些工作，經常會有些疑問提出來——前幾天就有一件事給我的印象很深：夏令營期間要發給營員的《中國禪學》這本書很厚，我們有討論說大家不一定都很喜歡看，有的人可能感到很麻煩，不願意帶回去，因為自己的行李本來就很多了。所以當時師父說要給每人發一本，我們就提出來：「有的人可能不會看，在火車上扔掉了怎麼辦？」師父說：「扔掉了，撿到的人還可以看。」這只是一個例子，是很小的一件事，那就是說，扔掉了也好，還能同撿到的人結一個緣。其實，我們對生活中的每一件事都可以下這個結論「也好」，在任何情景下都能這樣，那我們就是生活的主人，我們的心量就會不斷擴大。

我們佛教徒經常會受到一些批評，就是很多學佛人的功利主義色彩比較重，希望學佛以後甚麼樣的好事都落在自己頭上，比如出門有晴天，坐車會準點，買東西能便宜，一拜佛就靈、就能分到房子、得到晉升等等，這都是以自我為中心的思想在學佛裏的表現。我們從學佛那天起，就應該有所信仰，要敢於接受落在自己身上的一切好事與壞事，相信一切都是助道緣。這不是被動地接受，而是我們內心有轉化的力量。就像《淨行品》所講，無論在任何一種情景下，都能「高高山頂立」，都是不能被動搖的。

所以，大家在生活中好好依《淨行品》修行，一定會有受用。受用的首先是自己的心，是內心功德的開發，我們會很知足、很快樂，這種快樂與知足不是由於外在的得失，而是由於心好像有一個活水源頭被開發了出來。因此，按照這個方法修行，我們會體驗到下面的三種心。

直心、深心、調柔的心

一是直心。直就是不拐彎，祖師講「驀直去。」直心就是從是非、美醜、得失、利害這些功利的分別和判斷裏跳出來、解脱出來的心。《淨行品》中的修行法門必須是直心才可以修，才會逐漸相應，因為在每一種情景下都是「當願……」，這也就是三昧，就是直心。祖師語錄更加形象，有的説：「榔栗橫擔不顧人，直入千峰萬峰去。」[3]在禪師的作略中，也經常表現這種直心，像拂袖而去、一去不回頭等都是沒有第二念的。這裏也需要有點勇氣，因為我們生活的世界很複雜，有很多東西在牽動着我們的神經。在最能牽動你神經的地方，你的心不動，保持你對眾生的大願，這個就是直心。

二是深心。我們的心有深淺，我們的生命有深淺。生命的現象很複雜，比如人有美醜、地位有高低，國家有不同的民族、不同的語言、人有生病與衰老，所有這一切都是生命的現象。但是超越這些現象，或者在這些現象的深處，有一個共同的東西，是大家可以通達的一個心態，這個心態就叫深心，也可以說是大悲心。由於眾生是一體的，眾生的心在很深的地方才能相通，這也正是生命之間可以互相交流的前提。比如一個中國人和一個美國人，即使雙方不懂對方的語言，但心能夠有相通的層面。當你好好修持這個法門時，一定會體會到這個深心，會發現你的心像大海一樣是很深廣的，在深廣的這一部份裏，自我中心、自我執着的特徵就會消融了。

三是調柔的心，也就是指降伏了我們的心，我們成為了生活的主人。這個調柔之心不一定表現為柔和、慈善、溫柔，調柔的心既不柔也不剛，而是自在，是可以隨機變化、隨緣轉化的。就像一塊麵團，把它揉得很軟時，既可以做成麵條，也可做成饅

---

3 引自《碧巖錄》卷三。

頭、餃子皮。心也一樣，當我們調順了自己的心，當心得到自在，我們的心就會很好用。一個管理者可能對此體會要容易些，作為管理者不可能總是保持一個狀態，而是隨情景的不同表現出各種狀態。一個沒有修行的人很難做到這一點，他的心理活動是有去無回，是不自主的；而那些有修行的大德們將心調柔以後，可以示現出很威猛，也可以表現出很柔和，總之我們的心是很好用的。

自在

經過日積月累的修行，這個心自在、好用了之後，我們就會隨時處在主動的位置上，不再被外境牽着鼻子走。歷代禪師的公案和語錄很多，內涵非常豐富，涉及各種高深的境界。禪師不一定要跟我們說一個道理，而只是向我們展示他已經做得了主的心。比如有人問禪師，太陽是不是圓的，他可能會說不是圓的，是三角形的。他怎麼回答都對，因為他只是在展示他自在了的心。禪師之間的接觸與對話是妙趣橫生的。自家人相見是「路逢達道者，不將語默對」，可能只是拍拍肩膀、笑一笑，有時甚麼都不說，玩一玩給我們看——對那些不自在的人來說將有很大的幫助。

禪師們有時為了檢驗弟子，就用各種情景和機緣去考察弟子是否處於自在的狀態。在這方面，趙州語錄是很突出的，趙州是「舌端帶箭、唇舌放光」，在語言上無論怎麼講他都能處在上風，處在主動的位置上。有一個人問老和尚：「你的家風是甚麼？」老和尚回答：「我耳朵有些聾，你聲音大些。」那人又問了一遍，老和尚答：「你問我的家風，現在我已知道了你的家風。」趙州老和尚之所以總處在上風，是由於他的心是自在的。我們如果能長時間修行《淨行品》，心能相續，而且力量強大，那麼我們在生活的每一個場景裏也能做到這一點，做自己的主人翁。

善用其心

修行《淨行品》，具體怎樣操作？我們應先學會在每一個情景下進行反觀，觀照這個當下，然後，從安住的心中發起「當願眾生」的善願。大家可以背誦與自己日常生活較接近、較相應的部份經文，到後來，句子的內容其實並不重要。當心續力量強大了，你在做每一件事的時候「當願眾生」自然就會顯現，在這個時候，你可以自由發揮，不一定要按經文上講的。比如你在一個講堂，在一間房子裏，希望眾生都能找到歸依的地方，都能有一個庇護所，這也是可以的。所以，這個法門是修行的藝術，也是生活的藝術。當你對生活的每一個內容進行消化和轉化時，你還可以成為詩人，在每一種情景下自誦一首詩。

在我們的內心，真正將眾生作為對象呈現出來，其實是很不容易的。一般情況下，我們的內心裏沒有眾生，只有親戚、朋友、敵人、動物等一堆概念，這是一些由我們的情緒、判斷所導致的虛幻的對象。只有我們的心在很深入的時候，才有可能體會到甚麼是眾生。有時抽象的眾生好像容易講些，而身邊具體的眾生則很難說。所以在開始修行時，也可以把「當願眾生」具體化，從最親近的父母、朋友、同學、老師開始，再延展到陌生的人、你不喜歡的人、甚至是仇人，這也是一個次第。

這個法門的要點是，正念安住當下，發起菩提心和善願，用功的重點是「作意」——當你心裏想這些偈頌的時候，是否真正生起了真切的願望，現前的心態是否與「當願眾生」相應。我們可以在這個願上，使自己得到三昧，得到安住，得到「不動」，得到一顆直心、一顆深心和調柔的心。

另外，在生活情景中，如果我們有意訓練相續的心，從行禪入手比較方便。行禪是禪修中很重要的一部份。行禪有兩種，一種是臨濟宗的快行，禪堂裏行香一般是比較快的，越走越快，這種風格可以說是勇猛的、金剛的、老虎下山式的直奔目標；還有一種是曹洞宗的，它是慢慢的、綿密的。現代人有的按臨濟宗的風格來行禪，拖住話頭，把一切都放下；有的來慢的，配合自己的呼吸慢慢行走，在慢行中去體會安住當下，體會將心安住在現前的行走上，在行走中發願眾生皆成佛道。經過一段時間的訓練，就會在心裏面培養起相續的力量，使「當願眾生」的心念變得越來越強大。當它足夠強大之時，我們就可以在其他情景下也得到受用。

我們的心是一個寶貝，我們要受用我們的心。氣是心的物質基礎，心氣不二，心的相續，念念都會轉化為與氣相應的狀態。所以，如果長修此行，會使你的身體、你內在的氣得到轉化，會轉化你原來的粗濁、昏沉、浮躁之氣，進而使心的力量變得更強大。在這個時候，修行才算找到了基礎，才有了根，才不會被外面的風吹草動所動搖。這就是《淨行經》裏所講到的，如果我們能夠善用其心，就能獲得一切勝妙功德。

二〇〇二年七月二十三日

於柏林禪寺對第十屆生活禪夏令營營員的開示

永遠是自己錯

修行的試金石

叢林裏對於禪堂有個比喻，叫選佛場。怎麼叫選佛場呢？就是要在這個地方選出佛來，從一堆修行人中選出開悟的、覺悟的人來。我們知道，選舉通常有候選人，而選佛場裏每一個打坐的人都是候選人。投票的是誰呢？投票的是所有與會的人。世間的選舉，你要當選，通常都是半數以上的人通過，選佛則不然。先說選佛參與投票的眾生吧，那是盡法界的眾生，無邊無際。通過的方式，也不是半數以上就算通過了，而是要全票當選，要所有眾生都投你的票才當選。只要有一個眾生反對，你就當選不了；或者說，這個眾生在你生命中出現的緣，和你成佛、覺悟這件事是逆緣，那你就成不了，所以我稱為全票當選。在世間的選舉中你可以心存僥幸，因為反對我、我得罪的人只要不超過一半，討厭我、和我結了惡緣的人只要不超過一半，我就可以當選。但是在修行成佛這件事上，絕沒有僥幸的可能。任何一個眾生，如果他反對你成佛的話，你就要面對這個反對的因緣，面對和你覺悟相逆的因緣；而且你要把這個因緣轉化為覺悟的因緣。通俗地説，你得把這個眾生擺平。這個擺平，不是去擺他，而是擺你自己。你得讓他感動，讓他也同意、幫助你覺悟。本來是障礙你的，現在要轉逆緣成為順緣。這就是選佛場的意思。

我們的生命中，可能還是有很多眾生、有很多緣並不是投我們覺悟的贊成票的，我們要面對這些緣。這些緣的出現，也是修行的結果。甚麼意思呢？如果你不去當這個成佛的候選人，反對你的人也就不會跳出來，你甚至也不知道。但你成為候選人，你要覺悟成佛，要度一切眾生，那些逆緣也就出現了——你既然要度盡一切眾生，成為度盡一切眾生的佛，那你先來度我。我是用世間的事情做比喻，説得很通俗。但是我相信，我講的確實是修行的真理，修行的真理就是如此。因為我們在修行之初，發的願就是「眾生無邊誓願度」，要發菩提心。

在我們的修行中，你千萬不要把打坐、開悟、修行，當成一個可以投機取巧的事，當成一個急於求成的事。如果你這樣去對待修行，這就錯了。修行不僅僅是你自身的轉變，它也會帶來你整個的人際環境、你和外面世界關係的轉變。你和外面世界關係的轉變，一定不是一個單獨的元素。在禪修中，你會經常體驗到行的進進退退。

有時候你會覺得非常之順利，進展非常之快；有時候卻會突然冒出一個逆緣，冒出一個障礙的緣，讓你生心動念，一下退了很遠，可能是進了五步退了十步。

我要用第二個比喻描述精進禪修的人。一定是禪修精進的人，才會出現我下面講的，忽忽悠悠混時間的人可能體驗不到。比如打井，我們覺得打井是個很簡單的事，我們準備了鍬，找到了一個地方，開始挖土，往下挖，我們覺得這很容易，一個半天就幹完了。而挖了一段時間以後，發現再挖就很難了，為甚麼？手磨出泡，再抓鍬很痛。你才發現忘記帶一樣東西，甚麼東西呢？手套，你要戴手套才不會磨出泡來。於是你再去找手套，回來繼續挖，挖了一會兒要吃飯了。沒想到半天沒幹完，你還得解決吃飯的問題。吃完飯，接着往下挖，遇到一塊石頭，用鍬對付石頭是不行的，還要有別的工具才能把這塊石頭刨出來。所以，你又發現你帶的工具少了一樣——鎬，於是你又去找鎬。總而言之，你在不斷向下進展的過程中，不斷發現你的準備工作有很多漏洞。當你把井真正地挖下去，挖得很深了，水也出來了，你要把井壁用磚頭砌上，因為你要把它當井用，要讓它穩固。你發現挖得很深的時候，井還會塌方，一旦塌方，土把你原來挖的都蓋上了，前功盡棄，所以還要想辦法解決塌方的問題，讓井壁堅固。

我們的修行也是一樣。有一段時間，你覺得進展很順利，等到你靜坐深入的時候，你發現心中很煩悶。深入地觀察，可能會發現，以前持戒不精嚴，還要修懺悔法門。於是，你又要去準備，這屬於修行的基礎。等這個問題解決，你要進一步修行，又發現家裏面吃飯有問題，孩子要上學，老婆又生病……為了生計，你忙個不停，根本就沒時間靜坐。你在禪修中的那麼一點體會，經過這麼一折騰，全部變成煩惱。那時你會發現，你比一般人還不如，更別說修行人了。於是你去問師父，師父說，你以前修清淨的福報太少了，順乎於修行的福太少了，所以生計問題會干擾你的修行。師父教你持戒，教你無住相佈施，廣結善緣，修清淨的福。好了，這一輪問題解決了。於是，你進一步修行，又有障礙了，家裏人反對，結的緣不好——你老婆反對你靜坐，要跟你鬧離婚。你說離了吧，把他們扔下一個人跑也不現實。這是講的在家人的例子。

出家人亦復如是。在禪修中，你深入靜坐，會發現你缺乏一些功德：缺乏戒的功德，缺乏定的功德，缺乏精進的功德，缺乏念力的功德，缺乏聞思的功德……你對教理不懂，不懂修行的路線圖。剛開始還行，修到深的地方，茫然了，往哪走呀？左走，右走，往前走？不知道。於是，你說不能光顧着打坐，我得研究一下教理，讓人給我講講唯識，講講禪修的次第，回頭去補這些課。這個過程，應該是很多人修行的狀態。可能只有少數人才會無委曲相，沒有彎彎曲曲、三反四覆的狀態，一超直入，直線前進；而多數人可能都是進進退退，不斷地修正自己。

在修證的過程中，有一個非常重要的正見——正確的見解，甚麼呢？以打井來說，當你遇到硬石頭的時候，你怨誰呢？怨這個地不好？怨石頭？怨天尤人、罵天罵地有用嗎？沒用，它還在那兒，可能你越罵還越多呢。你只能怨自己沒有帶好工具。所以在修行的過程中。當你修行的逆緣出現時，你的正確見解應該是這句話：永遠都是我錯。凡我修行中出現的一切境界，我覺得它障礙我，那一定是我錯，不會是他錯。

一個修行人，只有到了這個地步，只有從內心深處接受了我說的這句話——永遠都是我錯，才可以說他在修行。如果沒有從內心深處接受這句話，他一定會從環境上去找原因，在別人身上找原因，一定會有怨恨、有抱怨。而如果永遠都是我錯的話，出現在你面前的一切緣，都是增上緣。「增上」是讓你進步的意思。順緣是增上緣，逆緣也是增上緣，讓你知道你的準備工作還有欠缺，還要去準備新的工具，還要去拓展你的功德。

如果不是永遠都是我錯的話，我們的心就掉在哪裏了呢？掉在是非分別中。我告訴你們，只要是是非，就是世間，就是輪迴。是非，當然是一個代表，還有有無、來去、你我、美醜……這在哲學上叫二元對立。只要有二元對立，你就在輪迴中；你在世間的輪迴中，你就在二元對立中。你可能會說，究竟誰是誰非，有的事明明是他錯我對嘛。這明明，有時不是明明；這個明明，有時是暗暗啊！沒有絕對的錯，沒有絕對的對。你把自己迷失在二元對立、迷失在是非中，你就在世間法中打轉，你的修行還沒開始——注意，你的修行還沒有開始。你最多只能修成一個像中國文化裏講的賞善罰惡、充滿正義感的神明，鬼神！你到不了覺悟，到不了佛菩薩的平等心、慈悲心，包容一切的心，超越二元對立的寂靜，你到不了。所以，你能不能接受：當你遇到任何問題的時候，「永遠都是我錯」。你能不能接受這一條，就成為檢驗你有沒有真正開始修行的一個試金石。

前面講過，選佛要全票通過才能當選，有任何一個人反對，你都要承認是我錯，確實，這個眾生我沒有跟他把緣結好。你以這種心態去面對，那時逆緣出現，恰恰是你進步的表現。前面我講了，你不當這個候選人就沒有這個事，就是因為你當這個候選人，反對的人跳出來了，所以我說是一個進步。在你打坐中，出現這這那那的插曲是一種進步。你只要以「永遠是我錯」的心態去面對，這些逆緣都能變成增上緣。

只要你還有世間人的心，有世間人吵架的心、要辯論的心、要爭個是非對錯的心、要伸張正義的心、要討一個公道的心……你只要還有這些心的話，你在禪堂裏坐着就是浪費時間。你應該到法庭上去，到紅塵裏去，跟人家鬥爭去，這就是個鬥爭的相，它是二元對立，二元對立就是鬥爭，鬥爭永遠是糾纏。這糾纏，今生今世搞不清楚；來生來世，因為這個搞不清楚的力量，還讓你的生命繼續搞，無窮無盡地輪迴下去——到底也搞不清楚，苦海無邊。你要想從永遠也搞不清楚的糾纏中跳出來，就要回到我剛才講的那句話：「永遠是我錯。」你們可以用這句話來檢驗一下，在修行中，我們面對各種境界的時候，起心動念是不是這樣。

修行的入手處

凡遇到任何是非，永遠是自己錯，這一點是作為修行人應該具備的一個正見，其實很多人並不能真正接受、理解，當然更難做到。我們總是覺得自己有道理、自己是對的，從這個自己出發，遇到問題就會抱怨外部的環境，怨天尤人，把責任推到外境。當我們把責任推到外境上的時候，這個自我就被保護下來了，自我就不需要改變，不需要動手術了：要改變的是別人，要改變的是外面的世界，要改變的是你面對的世界，那麼這種生活態度會充滿責備、充滿抱怨、充滿鬥爭、充滿爭論。佛教裏面講爭，喜歡用另外一個字——諍，這個字的意思就是你的心落在了是非、有無、來去、對錯、你我等等之中，落在了二元對立之中。一旦你落在二元對立中，你的心就不寂靜，這就是內心的「諍」。興許你不講話，你不跟別人用口舌去辯論，但是內心是有諍的。

大家還記得《金剛經》裏面的話嗎？佛陀說須菩提證得了「無諍三昧」。須菩提是解空第一，無諍三昧就是真正解空——他的內心安住在寂靜之中，在這個寂靜中，沒有二元對立。那麼，要修行無諍三昧，要進入這個境界，應該從哪裏下手，怎麼修呢？其實，我現在講的，就是修行無諍三昧的口訣。要你超越二元對立，這很抽象，很多人還不理解呢，話本身就有點文氣，有點學術味道。但是讓你學會面對一切問題，堅持一個正見：「永遠是自己錯」，讓你這樣去做，這就清楚了，就有可操作性。

你可能說，不是說要超越二元對立嗎？怎麼還有對和錯呢？你現在很難做到沒有對錯，所謂超越二元對立也不是絕對沒有對錯。現在你先認定，任何問題之前，永遠是我們自己錯；外境沒有錯，外境永遠是對的，是心錯了，我們自己錯了。

說我們自己錯呢，以佛學來理解，也有好多種理解。有一種說法，這是以前造的業，現在受報，叫「深信因果」。這讓你能夠坦然接受降臨到你身上的不公，降臨到你身上的痛苦，作還債想。你想，我現在是在還債，可能你欠了別人一百萬，你現在只是還他十塊錢，還了十塊債也少了呀，再還十塊又減少了，總有一天會還完的，還完就是解脫。作正面的觀察，你就能夠有勇氣去接受和面對那種處境。這是永遠是自己錯的第一種觀察。

第二種觀察，為甚麼我們會感召這樣的外境呢？前面講的因果，稍微抽象了點。再具體一點講，為甚麼我們會感召這樣的外境，乃是因為我們有感召外境的內心世界。會有甚麼樣的外境出現在你的生活中，與你的內心世界是息息相關的，「此有故彼有」。「此有」，就是我們的內心世界、主觀的方面，包括了你的語言、行為的習慣；包括了你的性格；包括了你的心理活動；包括了你的各種喜好；也包括了你待人做事的方式。「彼有」，就是我們面臨的境界。是先有此，後有彼，而不是先有彼後有此，但彼此有時候同時出現。

修行時間長的人，對於我們的心和外境之間的感應關係，會有很多體會。我們的心跟外面的境界，會有一種甚麼樣的感應呢？有時候你會體驗到，你怕甚麼，就會遇到甚麼；你擔心甚麼，就會遇到甚麼。這種感應很有意思，關係很複雜，有很多種模式。簡單地講，你的內心在意甚麼，你就會感召甚麼。「在意」是生活中的話，相當於我們的心有一種執着，包括愛、恨、想要、排斥、擔心、討厭等等。有時候你越在意甚麼，就越出現甚麼：如果你有潔癖，你可能會發現你經常置身於很髒的環境中；如果你很自命清高，可能坐禪時，在你邊上的人，正好就是邋裏邋遢的人，咳嗽呀，擤鼻涕呀，放屁呀；如果你特別吝嗇，可能會遇到老有人找你要錢。還有啊，有的時候，你由於某一方面的特長——我們都有很多特長，也是主觀方面的情況——也會感召外面的情境過來。我們這個世界的人，大家都有長處都有短處，其實短處有時也是長處，長處未必就是長處，長處也會變成短處。我自己曾概括過幾句話，來描述這種感召，你們看看有沒有道理：「善於泳者死於水，善於武者死於鬥，善辯者死於口舌。」這裏的「死」未必是人死掉，相當於栽跟頭。有的人特別善於辯論，覺得別人都說不過他，他可能就會在別人的口舌、誣衊、誣陷上面栽跟頭。這種規律還有很多，你們可以在生活中觀察。紀曉嵐在他的《閱微草堂筆記》裏就記錄過一個真人真事，說在他們家鄉，有一個人武功相當了得，輕功很好，有一條河不是很寬，那人一蹦就到河對岸，易如反掌。一天，有人讓他表演一下，他輕而易舉地從這邊跳過去，在河對岸落腳的時候，岸邊的土是鬆的，一下掉到很急的河水裏面淹死了。他有一個一般人沒有的長處，但最後讓他栽跟頭的也是這個長處。這講到我們的心和外境的感召。

作為修行人，要不斷地反觀我的內心世界還有哪一些在意，只要內心世界還有在意，那就是苦。讓你受苦的因就會感召苦的外境。內心世界的在意，乃至於語言行為的習慣，你只有都能夠放下，你才有可能不被外面的苦境所壓迫。

不管面對甚麼外境，在你自己身上找原因，這恰恰是一種非常樂觀、非常積極、非常可行的人生觀。比較前面所講的——總是在客觀環境裏去找原因，這顯然是更加積極而不是消極；更加主動而不是被動；更加有希望而不是無奈。為甚麼説有希望呢？開始改變自己的時候，你會發現你生活的世界改變了，你遇到的人改變了。

有的人説，永遠是我的錯嗎？很多事明明不是我的錯，比如今天在街上小偷把我的錢偷了，難道那是我的錯嗎？那是小偷錯呀。其實，這裏講的問題是：別人是對還是錯那是他的事，你是對還是錯才是你自己的事。你要把注意力首先放在自己的大事上。你在街上遇到小偷，街上那麼多人，為甚麼就你遇到小偷呢？你為甚麼在那個時間那個地點碰到小偷呢？就跟魚會招來貓一樣，你身上有一股腥味把貓招來了，這是比喻。你感召到在街上遇到小偷的果，所以，這個錯還在你。這樣講，並不是説小偷的問題警察可以不管，社會可以不治理，這是相關人的事，在警察來説是他的事，在政府來説也是他的事。作為修行人來説，甚麼是你的事呢，你要明白。基本上找不出一件事不是你的錯，你能找出一件事不是你的錯，你可以來找我，我相信不可能。有的人説，我長得很醜，這應該是父母的錯。佛教説，那麼多好看的父母，你為甚麼偏到醜的父母那裏投胎呢？那怪誰呀，所以還是有問題。

以佛教的三世因果來觀察，基本上我們的世界，就是我們自己造成的，不能怨天也不能尤人。這種思維方式，是修行人應當具備的。要用這種思維方式去觀察自己，觀察自己的生活，改善自己。一個學佛的人，只有從這裏下手，才能體驗到佛法的真理在自己身上的顯現。你一點點地做，你會發現，遇到的人也變了，遇到的事也變了，總而言之，你命運的路線好像在改變。其實，這就是佛法最重要的真理——唯識無境。沒有一個甚麼客觀存在的境，都是你心識的變現。如果你能體證到這一點的話，你不得了了，你的修行可以說有了立足之地，可以穩步向前。

《華嚴經》裏有一品叫「淨行品」，裏面教我們遇到任何情境都「當願眾生」，願所有的眾生都如何如何好；遇到任何境都發願，一共有一百四十多個願。實際上生活中的情境遠遠不止這些，而是無量無邊。這品經教導我們在無量無邊的境，都能生起一個願，願眾生怎麼樣。如果你在生活中用這品經指導修行，「當願眾生……當願眾生……」，慢慢你會發現，你的心開始主導境了，而境不能主導你的心。境也許是某個人打了你一嘴巴，你心裏說，願眾生不再受別人的欺侮，得到的是一個善願；境可能是生病，胃非常痛，你的心說，願所有的眾生不再受胃痛之苦——你看，一個胃痛的境，被你變成了一個善願；你遇到的境可能是你的錢被小偷偷走了，於是你發願，願所有的眾生都能夠改惡從善、放棄不善業。所以我說，當你這樣去觀照你的生活，就會體驗到，心可以主導境。境究竟是甚麼？取決於你的心。你要真正體驗到你主導外境的力量、心的力量，那你就得自在了。在《金剛經》裏釋迦牟尼佛講他過去世做忍辱仙人的時候，被歌利王節節肢解，全無瞋心，達到了無諍三昧，真正做到了忍辱波羅蜜。波羅蜜就是圓滿，忍辱的圓滿就是如如不動、心境一如。這種境界很崇高，這麼崇高的境界，也可以從前面我說的「永遠是自己錯」下手去修。因為我們每天在生活中都有是非，在家人不用說，即使出家人在寺院裏面，仍然可能跟同寮[1]的人有矛盾，每天去分別眼前的各種境界；如果從這裏開始修行，我相信能夠契入超越二元對立的無諍三昧，這才是我們修行的方向。我們如果落在辯論中，落在非要搞清楚究竟誰對誰錯，非要跟他鬧個明白——你落在這裏面，你就落在世間法裏面。落在世間法裏面，就沒完沒了，就苦海無邊。

二〇一〇年一月十五日、十六日

於柏林禪寺第十八屆冬季禪七法會上的開示

1 寮，寮房，指寺院裏僧人的住房。

「聽」禪

我們在禪堂的靜坐，從修行的時間分配來説肯定是少數，更多的時間我們是在生活中，眼、耳、鼻、舌、身、意這六根不斷地和六塵發生着接觸，內心的念頭不斷地在生生滅滅。在這樣一種狀態下，如何落實禪修呢？這就是淨慧老和尚提倡「生活禪」的立意之所在。在生活中修行，我們首先可以直接進入的一個法門就是「聽」，用耳朵聽；我們要學會聽。前不久，我聽到一個新詞「聽」德，我套用這個新詞，再加一個新詞——「聽」禪。

專注地「聽」

我們可以坐禪，可以行禪，我們用耳朵聽，也可以禪修。當然「聽」所關聯、所培養的不僅僅是禪修功夫。在生活中，首先是我們和其他人之間的溝通問題，人和人的溝通主要是用語言，語言的接受就是靠聽。佛經裏講，娑婆世界的眾生比較發達的是耳，也就是說，接受資訊比較重要的管道就是耳根。所以，人和人的溝通，「聽」佔了很重要的一部份。要養成一種好的傾聽的習慣，要了解一個人的心態，了解他的意思，就傾聽他說話，要少說多聽，而不是多說少聽。就是在你的時間分配上，說話佔的比例少一些，要多一點聽對方說，這樣你才能了解他。一個有着良好傾聽習慣的人，在和別人的交流中應該沒有障礙。

這種傾聽的習慣，重要的就是要有一顆開放的心、一顆空的心。甚麼是空的心呢？就是你在聽別人說話的時候，先要把心裏很多先入為主的見解——預想的東西、假設的東西、道聽途說得到的印象，放到一邊。其實別人講話，你以空的心專注地聽，是一種非常好的禪修。這樣做時心裏沒有甚麼雜念，在聽的過程中，也沒有甚麼分別，只是純然地、客觀地去傾聽。這種習慣的養成，既是一個人、一個社會人必要的修養，也是我們在生活和工作中首要的溝通技巧。

人和人的誤會，有時就來自於你沒有聽清對方的話，或者來自於其中一方不願意聽對方講話。生活中兩個人吵架，經常會講一些話，比如，「住口！」意思是不要講了，我不想聽。當你不想聽的時候，矛盾就來了。還有的時候我們經常重複地說，「你聽我說」這句話。也就是說，每個人都有一種願望，希望別人傾聽他講話。

在禪堂裏打坐所培養的基本技巧，我們都可以在生活中運用。你聽別人講話是不是專注呢？這個專注，就是在禪修中通過數息、唸佛、參話頭等方法訓練過的。在你聽的時候，能否專注，能否比較好地把你的心放空？要完全放空，可能一時做不到，能夠比較客觀、比較開放、比較深入地去傾聽，這其實也是在靜坐的禪修中培養出的一種心態，不過你把它運用在「聽」之中而已。

如果我們能夠養成傾聽的良好習慣，和別人的溝通會事半功倍，人和人之間的和諧有了保證，矛盾、爭吵、鬥爭會減少，誤解會消除。當然，還有其他很多奇妙的效果，例如，很多時候人們講話時不知道自己在講些甚麼——那往往是他被一種情緒俘虜或者被錯誤見解左右的時候。為甚麼我們在禪七中要禁語？因為嘴巴的很多活動實際是受無明支配的，所謂「無明」就是一種盲目的力量、盲目的情緒、盲目的見解，是身心內在的浮躁推動嘴巴在那裏絮絮叨叨地說。還有的時候，我們的心不夠平直，我們講的話和我們想的有偏差，想的是東，講的可能是西了；有時候自己也不知道，講出來的不是自己真正的意思。

凡此種種，對於一個有「聽禪」功夫的人呢，靠聽，他就能夠了解對方的真實狀態。所以，以專注的心、放空的心去聽，恰恰不會被聽的內容所迷惑。做管理工作的人有這樣的經驗：有時候身邊的人跟他講很多的話，而意在言外。你能否聽明白言外之意，這也是一個能力；還有的時候，講的人有他自己身心的很多困惑。很多狀態，在他的語言中包攬着，你能否聽出來呢？所以，我們在平時，特別是跟人交談交流時要養成這種「聽德」，訓練聽的專注。以放空的心去聽，是一個很重要的修行法門，這裏面很多內涵、很多妙處，需要你親身去體會。

觀照的能力

和娑婆世界最有緣的一位菩薩就是觀世音菩薩。前面提到，觀世音菩薩的名號有一個涵義，就是觀世間音聲而得解脫。這個觀世間音聲的「觀」，首先就是「聽」。在這裏為甚麼說是「觀」呢？你能用專注和放空的心用心去聽，那就是一種觀。六根——眼、耳、鼻、舌、身、意，都可以成為我們觀照的工具。而觀照的能力，實在是來源於我們的心。

「觀世間音聲」。「世間」是甚麼？簡單的定義，生滅就是世間。有生有滅，有來有去，有是有非，有對有錯，有你有我……這就是世間。甚麼是出世間呢？不生不滅就是出世間。生生滅滅的世間，它的音聲也是生生滅滅的；世間有生滅，還有苦和樂，所以，觀世間的生滅、苦樂的聲音而得解脱自在。在觀世音菩薩的功德裏面不僅有得到自在，而且還有生起妙用——生起救度眾生的妙用。這就是觀世音名號的內涵，也揭示了所有眾生生命的本來面目：一切眾生都有觀的能力，都有傾聽的能力。世間的音聲，包括別人的音聲、自己的音聲，一直在生滅變化中，用心傾聽，我們能否從生滅之中聽到不生不滅？我們能否從生滅的現象中，觀照到超越於生滅的真相？這就是我們和觀世音菩薩的差距之所在。

這樣一講，似乎有點玄了，説不生不滅，要從哪裏下手呢？我們還是要從生滅下手。我等凡夫從頭到尾就在生滅中，在有無中，在來去中，在一和多、來和去中，在是非、美醜、對錯、利害、得失……乃至生和死——包括人與萬相的生滅中，我們就在其中。但是，這個生和滅、有和無的世間，同時就有不生不滅的真相。這不生不滅的真相和生生滅滅的幻相是同一個。你需要聽出來，需要觀出來。《心經》中説：「觀自在菩薩，行深般若波羅蜜多時，照見五蘊皆空。」有人問如何「行深般若波羅蜜多」？其實就是要你去觀、去聽這生與滅。

我們因此明白在《大佛頂首楞嚴經》中釋迦牟尼佛給我們開示的是甚麼。佛的開示裏也有提到聲音，將一個鐘敲響，鐘聲響起的時候，你聽到了鐘聲；等一下鐘聲消失的時候，你認為你甚麼都沒有聽到嗎？其實，甚麼都沒有聽到，就是你所聽到的。所以，我們的心被生滅的鐘聲主宰了，就落在生滅中。《楞嚴經》用很直觀與感性的方式告訴我們，在你聽到的生滅的鐘聲裏面，有一個超越於生滅的、不生不滅的聽的「性」，這叫「聞性」——「看」也是這樣，實際《楞嚴經》剛開始講的並不是「聽」而是「看」。你聞的音是生滅的，聞的性是不生不滅的。有的人會問，這聞的性在哪裏？在耳朵裏面嗎？《楞嚴經》裏有相關討論，不過不是講「聞」，是講「看」的時候。性在哪裏呢？它哪裏都不在，但是它又無處不在。它離不開生滅的聲音，離不開生滅的塵——那個音塵，它也離不開耳根。它不是其中的任何一個緣，又不離開其中的任何一個緣，這就是我們要參究的。

我們說這個能聞的性是不生不滅的「聞性」，那怎麼樣才能見到它？基本上來講，這是我們修行、也是佛學的核心體悟。需要聲明的是，我講過《楞嚴經》很直觀，是指《楞嚴經》實際上也是一個文字演說、表詮，是為了幫助我們悟入佛法。剛才講的聞性，你不要認為那是一個東西。認為那是一個東西，叫「常見」；認為甚麼都沒有呢，是「斷見」。所以在這裏，言語道斷。你必須要自己悟入，親見一回。其實這就是禪，禪就是在這個地方開始了。前面都是理論，都是佛學，到了這裏你要去參，這就是禪。

宋朝有一位禪師叫圓悟克勤。他在師父法演禪師座下時，有一天，來了一位客人，請教學禪的事。法演禪師說：「這個很難講呀，如果一定要讓我講呢，我借用兩句豔詩，『頻呼小玉原無事，只要檀郎認得聲』[1]。古代男女界限森嚴，女子在閨房不能隨便出去，這女子要和她的情人幽會，怎麼互通消息呢？她有一個丫鬟名叫小玉，為了讓對象聽到，女子就頻頻地在樓上喊：「小玉，小玉！」她的目的是想讓情人認出她的聲音，知道她在這兒。這首豔詩的原意是這樣。但是，法演禪師用這兩句詩來比況參禪，「頻呼小玉原無事，只要檀郎認得聲」。我們每時每刻都在聽，但是有沒有認出來呢？法演禪師這樣講了以後，來訪的客人一臉茫然，等他走了以後，圓悟禪師聽出一些名堂來，就問師父：「師父，這人怎麼樣？」師父說：「他只認得聲。」這句話是一語雙關。你聽，你就落在了聲音裏面，你就迷失了。在這句話之下，圓悟克勤禪師突然悟入了。他走出方丈室的時候，聽到一隻雞打鳴，當時大悟。連同他以前修行參禪的疑情[2]全部都粉碎了，這個公案出自《五燈會元》。

1 這詩出自唐人筆記《霍小玉傳》。

2 疑情：禪宗術語。「疑」並非指「不相信」，而是指「不明白」。當參禪者苦苦參究仍不明其意之時，心中便可能生起困惑和探究之情。

我們每天都在聽。是甚麼在聽？聽的聲音有來有去，有生有滅，有大有小，有好話有壞話……但是又有一個超越生滅來去的真實、真相，就和這些聲音、和我們每天接觸的六塵在一起，我們如何去認出它來？

傾聽，並不是每個人都會的，我們原來不會傾聽。傾聽，也不僅僅是我們在生活中要加強溝通的技巧，它確實就是我們下手用功之處。

二〇一〇年一月二十二日
於柏林禪寺第十八屆冬季禪七法會上的開示

戒律的藝術

有人認為，釋迦牟尼佛是一個偉大的教育家，從某種意義上講，他說得很對。釋迦牟尼佛的教育是要把眾生從凡夫教育成聖賢，從有煩惱、有苦惱的一種生活狀態，轉化和教育成沒有煩惱、清淨安詳、吉祥快樂的生命狀態。釋迦牟尼佛所講的一切法，乃至所制定的戒律，都是從慈悲心這個根本點出發的。

戒律的由來

戒律最早是釋迦牟尼佛為僧團制定的。釋迦牟尼佛成道之後，在十二年的時間裏，僧團沒有戒律。後來有出家人犯了錯誤，釋迦牟尼佛於是召集僧眾，召開民主會議，他與大家商量：你們看這樣做合適嗎？大家說不合適。那好，以後我們就不這樣做了。每一條戒都是先有出家人犯了相應的過錯，然後召開民主會議、經過僧團認可後制定的。還有的戒律是經過多次會議、反覆修改後才確定下來。這樣隨着時間的累積，戒律日益增多，最後定型，就是我們今天看到的樣子。因此，佛教戒律的產生過程充滿了民主精神——協商民主，它不是釋迦牟尼佛強加給出家人的，也不是來自於一個超越的、主宰的神給我們的啟示，所以說，戒律不是硬性要求，而是民主精神的表現。

那麼，戒律在佛教的修行中處於甚麼地位呢？大家知道，釋迦牟尼佛的教育體系裏有三個重要的構成：第一個是戒，第二個是定，第三個是慧，我們稱之為三學。在戒定慧三學中，智慧是根本，是最重要的，是最後的目標。要達成這最重要和最後的目標，要從最具體、最切近的事情開始做，也就是戒律。禪定則是中間重要的環節。所以戒律在三學中，是基礎，就像房子的地基。因此，我們真正要修行，一定要從戒律開始。

身心的自在與自由

出家僧團有戒律，在家居士也有，整個佛教的教團都有戒律。戒律是使教團和合、和諧的管理制度，同時也是教育和轉化我們身心的一個技巧。這個技巧在戒律裏體現得很具體。曾經有來寺參加夏令營的營員問老師，為甚麼我在寺院裏感覺很清淨，回到紅塵中就被裹挾着、不能自主？這恐怕也是與戒律有關，在紅塵生活的氛圍中，很多修行的基本要求不能保證——具體的要求不能保證，具體的行為方式不能落實，有些規範做不到，於是我們就完全隨順了紅塵，特別是你生活的那個環境種種的時尚做法。比如大家喝酒，這一桌九個人都在喝，只有你不喝，你可能會覺得很孤立，身邊的人也會勸你喝，這樣你就喝了。在一件具體的事情上你讓步，慢慢地你就跟着世間潮流走了。所以，戒律是從具體的事情上入手來保障我們身心的淨化，是我們修行的基礎。

通常現代人會把戒律理解為約束性的、使我們不自由的要求，實際上戒律恰恰是給了我們自由，保證了我們生命的自由和身心的自在，它不是消極地限制我們。戒律的要求，如前所說，最早來自於僧團的民主會議，另一方面，經過釋迦牟尼佛透徹了宇宙人生的大智慧的觀察。依此觀察，這樣做有利於你的生活與修行，有利於你現在的安樂和未來的安樂，這樣做你會歡喜、不會憂愁。釋迦牟尼佛以他的智慧看到了生命的規律，看到了甚麼樣的行為（因）會帶來甚麼樣的後果（果），於是為我們制定了戒律，就像慈母指導她不懂事的子女一樣——你應該怎樣做、不應該怎樣做。所以，我們依戒律去生活，身心會安樂和自在。

如果違背戒律——不要說戒律，即使是違背了道德和法律，我們也會感覺到身心有負擔，會不自在，有壓力，或者有內在的焦慮與負罪感。這樣打坐時很難靜下來，就不會有禪定。心有一種記錄我們言行的能力，在佛教心理學中稱為阿賴耶識，儒家稱作良心、良知、良能。這些記錄在我們的心靈底片上，烙上了很多印痕，如果是負面的印痕，我們就會覺得不自在、不舒服，也就是說，我們心靈的空間會越來越狹窄。相反，如果依戒律去生活，我們就會覺得越來越自在，因為你沒有犯甚麼錯誤，心靈沒有負擔，無悔無憂，光明坦蕩。

依戒律去生活就有這樣一個功效：你會覺得無懼，沒有害怕，既不害怕夜晚，也不害怕白天；既不害怕陌生人，也不害怕熟悉的人；既不害怕大自然，也不害怕人群；既不害怕別人，也不害怕自己；既不害怕現在，也不害怕未來，這叫「現在安樂、未來安樂，現在安穩、未來安穩」。

我經常打這個比喻：有一個湖在冬天結了冰，有的冰很厚，有的冰很薄。有一個人在湖上自由自在地散步，因為他知道湖上的冰哪一塊厚、哪一塊薄，應該怎麼走，他心裏有數，於是他就按那路線去走。我們看他很自在，也過去隨便走走，結果撲通一聲掉下去了。為甚麼？因為我們不知道冰的厚薄，可能正好踩在薄冰上。你知道了行為的界限，你就得到了自由；又像我們開車在路上，我們知道這是快車道、這是慢車道、這是安全帶、這是出口，開車就會很放鬆，不會擔憂。戒律就是在這種意義上給我們的身心以自由和自在。

生活的藝術

戒律實際上也是在教授給我們一種生活的藝術，按戒律生活的人是在過一種最有教養的生活。

電影《一輪明月》中有弘一大師和印光大師在一起吃飯喝水的鏡頭。在寺院行堂時，我們有給大家倒水，你們都喝下去了嗎？當然這不是戒律，注意，這不是來自於戒律的。戒律這個詞的意義很嚴格，是就是，不是就不是。戒律是佛制定的，那麼把飯吃完了倒些水涮一下碗喝掉，這是漢傳佛教寺院出家人的一個好習慣。其意義就是珍惜生命資源，不浪費糧食。你所擁有的東西，你碗裏的一粒米，都是你的生命資源。珍惜我們生命中擁有的一切資源，其實就是佛教修行的一種精神。那麼戒律既有很多粗線條的要求，也有很多細微的要求，這些要求可以培養好的生活習慣，使我們的生活不會給別人帶來煩惱，也不會給自己帶來煩惱，這其實是個生活的藝術。為甚麼有時候我們的人際關係有問題呀？一定是你有些細節不注意，經常給別人帶來煩惱，給別人帶來煩惱的同時就會給自己帶來煩惱。所以受過戒律訓練的修行人，他是自覺自律的、與眾不同的。

另外，要補充說明的是，戒律是釋迦牟尼佛按照佛教徒不同的身份制定的，也就是說，出家人有出家人的戒，在家人有在家人的戒；出家男眾有男眾的戒，女眾有女眾的戒；出家沙彌有沙彌的戒，比丘有比丘的戒——事實上，沙彌之為沙彌，比丘之為比丘，就是因為他們受了不同的戒。所以，戒律的要求完全是以你的自覺自願、以你的發心和身份來定的，不是一刀切。

我在家開始學佛的時候，經常有種極「左」的念頭，就是我要用出家的戒律要求自己，很多學佛的居士都有過這種想法。其實這不太符合佛法的本意。你是甚麼身份，就按你的身份去做，你可以做得好、做得細緻，但是你沒有必要超越身份地去要求自己，這就有點過了。有些在家學佛的老居士喜歡這樣做，這會影響自己正常的生活秩序，給周圍的人造成不便，也給家裏人帶來煩惱。這不是佛法的意思，也不是釋迦牟尼佛所主張的。

居士的戒律

那麼在家佛教徒有哪幾種戒呢？大概來說有三種。第一種是五戒，其次是八關齋戒，再就是菩薩戒。我用最簡單的話來解釋，菩薩戒不論在家、出家，誰都可以受，受菩薩戒就意味着我們願意做菩薩，所以自願接受菩薩應該做甚麼和不應該做甚麼的那種約束，在生活中用菩薩的標準來要求自己，這是最高級別的戒。菩薩戒的要求很複雜，因為菩薩不光要自利，還要利他，要照顧別人。

五戒是我們每個人應該遵守的，如果把五戒守好，你將來一定可以做一個滿分的人，今生今世、來生來世，你都會成為一個滿分的人。滿分的人是甚麼意思呢？你們有沒有發現，我們生活在人的境界，但是人跟人的差別很大，所謂「人比人，氣死人」，有的人很有錢，有的人很窮；有的人有錢但家庭不幸福，有的人家庭和諧但是很窮；有的人有錢但身體很糟糕，有的人很健康但是很窮困；有的人很聰明但是總不順利，有的人很愚鈍但是做甚麼事都很順利，好事都讓他碰上了⋯⋯諸如此類。人生的種種差異，來自於哪裏呢？來自於他一直以來的行為方式，也就是過去的因。如果我們想有一個比較圓滿的人生，就從因上做起，要嚴持五戒。

出家對你們來說，也許是很難理解或很難做到的一件事情。這種生活和境界，是走一條出離之道。五戒是規範我們如何做人，出家、出離之道是要做甚麼呢？就是人要成佛，要擁有超越人的境界，於是有一些人放棄世俗生活，去走出家修行的道路。八關齋戒為在家修行人開闢了一條路——你有很多纏縛，不能出家，但你的身心仍然可以走出離之路。八關齋戒的本質就是讓在家人在短時間內體驗出家生活，或一日一夜，或幾日幾夜等。這是絕對的現實主義。

也許你會說，我們的人生有幾萬個一天，這一天算得了甚麼？其實不然，這一天一夜的體驗，可能就會從根本上改變和顛覆你對自己和生命的認識，所以八關齋戒的意義很大。有些居士想出家，但是這個夢想實現不了，所以有時候我跟他們開玩笑，說你想下輩子出家嗎？那要多受八關齋戒，這樣你下輩子肯定能出家。出家不容易啊，真的不容易，需要資糧和本錢，而八關齋戒正是積累這種資糧的修行之道。在東南亞的佛教國家，居士們在節假日都會到寺院去受八關齋戒。最嚴格的八關齋戒是在寺院受，這樣比較容易遵守。

八關齋戒

甚麼是八關齋戒呢？關的意思，是關閉生死輪迴之門。三皈五戒只能保住人身，八關齋戒則可以引導我們出離世間，關閉生死輪迴之門。齋的本意是清淨，這裏是指過了中午一直到第二天天亮前不吃飯。所以八關齋戒合起來就是八條戒外加過午不食。

八戒的內容是甚麼呢？第一不殺生，第二不偷盜，第三不淫欲，第四不妄語，第五不飲酒，第六不着香花鬘、不香油塗身，不歌舞伎樂、不故往觀聽，第七不坐臥高廣大床，第八不非時食。《西遊記》裏豬八戒的名字就是從這八條戒來的，就是提醒他要謹守這八條戒。

八關齋戒裏包括了五戒，與五戒不一樣的地方是，在家人受五戒，其中關於男女關係的一條是不邪淫，在法律和道德許可範圍內的夫妻關係沒有問題，在這個範圍之外，和其他異性發生兩性關係，叫邪淫。但是八關齋戒裏與此相對應的一條是不淫欲，其要求跟出家人一樣，因此我們稱八關齋戒裏的五戒叫清淨五戒——不邪淫變成了不淫欲。此外還有一個差別，五戒是終身受持，八關齋戒是一日一夜等的短期受持。

佛教的戒律，不是隨隨便便地判定一個人說，你犯戒了或你沒有犯戒，它有嚴格的判斷條件。判斷一個人犯或是不犯，還有程度的深淺，要根據成犯的緣，緣就是條件。以第一條戒不殺生為例，需要具足五個條件才構成殺生：第一，對方是人，即客觀對象是人；第二，你知道對方是人，即主觀對客觀的認定；第三，起殺心，即有動機；第四，與方便，就是用工具；第五是結果——對方命斷，按現在醫學來說是腦死亡。這五個條件每一個都會影響到行為的輕重，以至產生相應的因果。

如果這五個條件中的後面四個到位了，但第一個條件沒到位——假如對方不是人而是狗，即知道是狗，想殺它，用刀殺死了，這個也是殺生，但不是殺生裏的根本犯。犯一條戒律有根本犯，有方便犯。根本犯就是最重的，方便犯是次重或再次重。殺害動物也是殺生，但不是最重的，按照戒律的規定，是可以懺悔的。當然，能不能懺悔這個說法也是相對的，即使是殺了人，在佛教教義裏仍有一個法門可以懺悔，但是在戒律學的框架內，通常講殺人是不可懺悔的。

第二個條件，人想，即知道對方是人。如果主觀不知道客觀對象是人，是誤殺，這算不算犯戒呢？不算。第三個條件，起殺心。在醫院裏，醫生拿刀給病人做手術：知道對象是人嗎？知道；是人嗎？是人；用了方便嗎？用了刀；結果手術過程中人死了，命斷。那醫生算不算殺人呢？不算。為甚麼？因為他沒有殺心，不僅沒有殺心，而且是希望救治病人。第四個條件，與方便。與方便的意思是你一定要用一個手段。打個比方說，我很討厭張三，他住在石家莊，我在這裏說，真希望張三死掉！就在我說的時候，他正好心臟病犯了，死了，那我算不算犯殺生戒呢？他是人，我知道他是人，我有殺心——希望他死掉，他的命也斷了，但是缺哪一個呢？——與方便。我只是詛咒了他一句，並沒有用工具。第五，命斷。如果沒有殺死對方，也不算成犯。殺生戒大概是這樣。

有人問，如果很多人派一個人去殺另外一個人，是不是罪就可以平攤了、變輕了呢？不是，每個人都是重罪，都犯了殺生戒。

八關齋戒的第二條戒是不偷盜。偷盜有六個條件，滿足了全部條件就是根本犯。第一，有主物。偷盜的東西是有主人的，第二，有主物想。即你知道這個東西有主人，第三，盜心。即有偷盜心，第四，與方便取。就是用各種手段。第五，是重物。即偷盜的物品價值要達到某一個水準之上——比丘戒的規定是五錢以上，這是釋迦牟尼佛制戒的時候，參照他所在的印度王國的法律制定的，當時偷盜五錢以上，國家就要依法論治。關於這個問題，戒律學者有不同的見解，我個人傾向於下面這種見解，就是以今天來說，所偷東西的價值夠得上司法部門來找你。比如有人偷了你十塊錢，你去公安局報案，公安局不會受理。現在的標準是六百塊錢，要到六百塊錢才論罪，這是講根本犯。偷十塊錢也是偷盜，不過不是根本犯。第六，離本處。即東西離開了原來的地方。有人偷了東西，但在途中扔掉了，算不算偷盜呢？也算偷盜。只要物品離開原來的地方就算。這六個條件都具備，就犯了偷盜的根本戒，屬於嚴重的過失；缺一個或兩個，就是輕的過失。

比如，甚麼叫有主物呢？——知道不是自己的。你們在同一個房間裏住，你把同屋人的物品拿到一邊，離開了原來的地方，想要暫時使用，過一會兒再還回去，並不是要佔有它，這不算犯了偷盜戒，而是「非佔用取」。還有「非同意取」，意思是甚麼呢？比如這個人和我是好朋友，我知道拿了他的物品，他肯定不會有意見，這也不算是犯偷盜戒。當然，你要假裝這麼想也不對。「他物」，就是知道這是其他人的、有主的；「他護」，就是有人守衛。有主物的範圍，既包括沒有生命的東西，也包括人、畜生。

離本處的界定很豐富，包括位置移動、改變形狀等。比如你的同學有件衣服，非常漂亮，你把它弄破了，或者染污了它的顏色，雖然物品還在原來的地方，也算是「離本處」。再比如土地，土地不會移動，但是移動了土地的界標，也是離本處。以現代社會來說，離本處的界定就更豐富了，在電腦上破譯改變別人的賬號，也是離本處。在詐騙罪中，欺騙對方與你簽協議扣章生效，也是離本處。

同樣，當許多人派一個人去偷東西，平均分攤下來，每個人不夠「五錢」，是不是所有人都是輕犯呢？不是，每個人都是重犯，這裏不能用除法。

還有一些特殊情況，比如根據現行法律，偷六百元錢是犯法，是根本犯，那麼我分三次偷六百元，是不是每次都是輕罪呢？如果你在開始時就想好了要分幾次偷，這就算重犯；如果你偷了二百元錢，心裏想，不再偷了，可是過了兩天忍不住又偷了二百元，又想，真的不會再偷了，過了兩天又偷了二百，這是輕犯，三個輕加起來還是輕。偷盜的心念是連續還是中斷的，是判定偷盜輕重的標準，連續的就算重犯，中斷的就不能用次數來累計。還有人問，你在美國偷的東西價格五百元，拿到中國來可能值八百元，那是應該按美國的價格還是按中國的價格呢？要按中國的價格來算。

八關齋戒的第三條戒是不淫欲。根據戒律規定，男性和男性、男性和女性、女性和女性宣淫，都是不允許的。接觸了身體的三個部位——小便道、大便道、口，就算犯戒，只要一接觸就算。

第四條不妄語戒和第五條不飲酒戒前面有提及，此處不再詳述。

第六條，不着香花鬘及香油塗身，是說在受八關齋戒期間，不要刻意地裝飾你的身體。比如女性不化妝，不戴項鏈等裝飾物。相信大家體會得到，受戒以後要注意這一點。

第七條，不歌舞伎樂。就是不唱歌跳舞，以及不專門去看別人唱歌跳舞。不過以歌唱來讚美三寶，這個沒問題。

第八條，不坐臥高廣大床。這也是與身體有關的，這提醒我們不要貪圖身體的享受。高廣大床所帶來的身體的舒適感，我們不要追求它。

不非時食

不非時食的要求是由受戒當天的中午到第二天天亮前不吃飯，但可以喝水。現在這個要求也放寬了一些，如可以喝果汁、蜂蜜等，這是針對身體弱的人。另外，如果有病，晚上可以吃藥。嚴格地說，從午飯後到第二天天亮，這期間不要再進食固體的東西。

為甚麼要戒除非時食呢？這實際上是一個生命體制，高於普通人的習慣。如果你能自然做到，你的生命體制高於普通人的習慣。飲食很重要，因為我們要以此維持生命，但是現在我們的飲食很多時候超出了維持身體的需求這樣一個標準，比如吃過多的補品，或貪着食物的口味，甚至吃一些稀奇古怪的動物等等。如果我們為貪圖口腹之欲而食，就超出了這個範圍。可以說，真正的修行一定要從吃飯開始。如果不從這個地方下手的話，怎麼可能跟清淨的生活相應呢？

吃飯是一個很複雜的生理和心理反應過程。當看到食物，我們的生理反應開始，口中產生唾液，消化系統分泌消化液，腸胃蠕動。食物到嘴裏，咀嚼的時候，口腔分泌生物酶，胃裏分泌很多胃酸，以幫助吸收和消化食物。咀嚼動作結束以後，腸胃還在活動中。如此，吃一頓飯，前後心理和生理的動盪，起碼要延續三個小時。要是邊吃飯邊說話，時間會更長。有些師父習慣過午不食，他體驗和享受的是身心內在的寧靜，這種寧靜有助於坐禪。所以佛經裏講：如果你一日一夜持八關齋戒，修念佛法門，臨命終時精神一定能昇華到阿彌陀佛的光明世界。為甚麼呢？因為人在死亡的時候，碰到的第一個考驗是甚麼呢？還是關於食物的。大家可以想一想，我們日日夜夜、歲歲年年，一直是到了一個時間就吃飯，內心已形成慣性的反應，臨終時已不能再進食，但是那種慣性反應、那種欲求還有力量。如果善業的力量不夠，那時人就會體驗到對食物的強烈欲求，以及這種欲求帶來腸胃燃燒的痛苦。所以建議大家如果平時不能多受持八關齋戒，那麼晚飯要少吃一點，這對身心會有幫助。

以上八條戒，與不非時食合在一起，其目的是讓我們過一種清淨的生活，一種有利於我們身心健康的生活。

持戒的功德

受持八關齋戒有以下功德：積累福報資糧，有助於身體健康；能消除我們過去的業障；能使我們的生命趨向快樂清淨、光明自在；還有福報優厚，為我們未來的生命積累資糧，而不是透支我們的生命。我們常常有很多消耗，很多事情都在透支：將地下的挖出來進補，將天上的打下來吃，將水裏的撈出來吃。所以釋迦牟尼佛用一種非常感性的方式，為愚癡的眾生說明八關齋戒的意義。「一日持戒齋，得六十萬世餘糧」，今生我們持一日一夜的八關齋戒，未來六十萬世不會遇到饑荒。此外，對於修行淨土法門的人，八關齋戒是往生的助緣。

受持八關齋戒的人，需要是六根具足的男女。如果在受持之前，有殺父、殺母、殺阿羅漢、出佛身上的血、破壞僧團的和合、玷污比丘尼等過錯，不能受戒，即使受戒也得不到利益。

二〇〇七年七月二十四日

於柏林禪寺文殊閣對第十五屆生活禪夏令營營員的演講

問題一

為甚麼八關齋戒裏沒有戒煙這一條，而是戒酒呢？據說早上喝酒是有利於健康的。謝謝！

回答一

前面我講過，所有戒律的制定是來自於釋迦牟尼佛時代。據我所知，那時還沒有煙。當然要是有煙的話，佛陀會不會制定這一條，我們也不好說。

飲酒會傷害理智，在失去理智的情況下，我們會去殺人、偷盜或做別的壞事。所以佛特別制定不飲酒戒。有的人說，我會控制自己不喝醉。要知道，酩酊大醉的人在喝酒的時候都認為他能控制自己，還說自己沒有醉。酒的傷害是一步一步漸進的，最後我們的神經系統、我們的意識就模糊了，對於當時自己正在做的事喪失了自控能力，這就很危險。

問題二

如果偷了東西，然後良心發現，又給他送回去了，那算不算偷盜呢？

回答二

是偷盜，但是輕犯。失主當時會非常着急，但是後來失而復得，也會喜出望外。

問題三

請問佛教教義裏有沒有眾生平等這方面的內容？如果有，在不殺生戒裏，殺人和殺動物為甚麼一個是根本犯、一個是輕犯呢？還有，在吃素這方面，我覺得蔬菜水果都是有生命的，為甚麼可以吃它們呢？

回答三

佛教講眾生平等，是說一切生命都應該受到尊重，一切生命都有存活的可能，這是從性上說。同時佛教也不否認外在的差異，在外在的差異上，動物和人不相等；佛教裏講，草木是無情的，動物是有情的，植物和動物也有差異。平等不能否認差異，不要機械地理解為平等就是相等，那個是簡單思維。

問題四

剛開始受戒的時候我們可能做得不太好，如果犯戒的話，怎樣補救或懺悔？如果我們真的覺得堅持不住，可不可以捨戒？會不會有因果？

回答四

可以捨戒。在佛教裏面一切都可以，受戒、捨戒都是自願的。我知道你的意思，你所講的不好的因果呢，是怕有懲罰。絕對沒有。我擔保，佛菩薩或其他人都絕對不會有這個意思，佛從來沒有說要懲罰我們。但是任何事情都有因果，比如說你受了一個戒，中間放棄它，那麼這個事件在未來肯定會產生影響。不管是好的還是壞的，都不會有外力干預，只是事情本身會對你的未來造成影響。

問題五

濟公活佛既吃肉又喝酒，這個怎麼解釋？

回答五

濟公是一個得道的聖人，在那個境界，沒有甚麼規矩不規矩，規矩就在自己心中。聖人的境界不是凡夫的境界，不是我們現在可以效仿的。不過，雖說濟公和尚無拘無束，但是如果他在現在的柏林寺裏喝酒吃肉，我肯定要把他趕走。在寺院裏，一切要遵守佛制，遵守寺院的制度。

問題六

我想問一個與法律有關的問題。人類有很多惡劣的行為，有世間的法律進行懲罰，比如一個人殺人之後被判無期徒刑，承受了很多年的痛苦。那麼，在他承擔後果之後，這件事會不會影響到他往生極樂世界呢？

回答六

這問題不能一概而論。因為我們知道，世間犯罪的人經過坐牢等處罰，有的人出來以後，如果變本加厲地做壞事，越來越壞，這樣就會影響他往生；有的人洗心革面，重新做人，如果他一心向善、好好念佛，應該是可以往生的。這完全取決於他在接受世間懲罰的時候身心所發生的變化。所以我們要注意自己的心念，爭取在每一個當下把握自己未來命運的走向。

行腳的生涯

在中國歷史上，禪僧行腳有着非常悠久的傳統。古代中國寺院有講寺、律寺、禪寺，一般地說，講寺、律寺這些寺院的生活相對穩定，只有在唐朝以後勃興的禪寺，禪僧行腳才是真正蔚然成風，而且成為每一個禪僧修行生涯中不可缺少的一部份。我們可以想像，在古代中國，雖然交通工具不太發達，但是從南到北、從東到西都有官道、有驛站，而行腳的禪僧不僅僅在官道、驛站和一馬平川之地行走，也有很多時候是披荊斬棘，在深山老林裏行走，到那裏去拜訪修行人，尋找或開闢新的修行道場。

百城煙水

禪僧的這種行腳生活，從印度佛教來講有它的淵源。我們知道《華嚴經》裏善財童子五十三參的故事。經裏講，善財童子發起菩提心時，文殊師利菩薩告訴他：「你僅僅發起菩提心還是不夠的，你對這個世界上法的差別相還沒有通達，很多差別智還沒有學會。所以你應該到各地去廣參博學，請教那些修行的菩薩們。」這樣，善財童子就離開了文殊菩薩。他向南邊行，經過一百一十個城市，拜訪了五十三位修行人。在他所拜訪的五十三位修行人裏，有出家人——比丘、比丘尼、沙彌，也有在家人，如國王、做生意的長者，甚至還有妓女，各種各樣的修行人。當他結束五十三參的時候，最後登上彌勒樓閣，來到彌勒菩薩的面前，成為一個通達華嚴境界的大菩薩。所以佛教裏有一個詞叫「百城煙水」，指的就是善財童子經過一百多個城市去參訪善知識，這個故事成為佛教裏廣參博學的一個典範故事。

在印度，出家人的生活更有行腳僧的特色。印度的季節比我們中國的中原要單純一點，一年大概是三個季節。雨季出家人會結夏安居，在一個寺院、在家居士們供養的一個道場安住，其他的時間就會遊行教化，帶着簡單的衣鉢、行囊，走到哪裏就住到哪裏。在印度傳統的比丘修行生活裏面，有一種最艱苦的修行是頭陀行。頭陀行，是把物質生活降到最低極限，頭陀的最大特點就是到各地雲遊，沒有固定的居處。即使在一棵樹下也不會連着住兩個晚上，頭陀住一個晚上就會離開那棵樹，換一個地方。這是為了在這種居無定所的修行生活裏，培養心靈的力量，直至道業成就。

跑江湖

佛教傳到中國以後，一開始的時候，出家人的生活也是居無定所。禪宗是在南北朝的時候由達摩祖師傳到中國來的。他從印度坐船來到廣州番禺，後來在建業即現在的南京和梁武帝討論修行，不太投機，便到了現在的河南嵩山少林寺，在那裏靜坐九年。此後得到一個傳法弟子，就是歷史上的二祖慧可。達摩祖師以後的這幾代祖師，二祖慧可、三祖僧璨一直到四祖道信，他們的生活都是居無定所，即使在寺院，住的時間也不長，有的時候，這些祖師還會到街上、到人多的地方混跡於人群中。

二祖慧可的道場在中國南北都有。河北邯鄲成安縣有一個元符寺，在安徽有二祖寺，都是二祖住過的地方。從河北到安徽，距離也是很長的，也説明他那時候的生活非常不穩定。

六祖以後，禪宗在中國的影響越來越大，禪寺越來越多。在水邊林下修行傳法的禪師也越來越多。六祖以後有兩位非常著名的禪師，一位叫馬祖道一，他在江西洪州，即《滕王閣序》中的「洪州新府」，現在的南昌。另外有一位叫石頭希遷，在現在湖南南嶽。這兩位在當時的佛教界是最有影響力、最有威望的禪師，所有修行的禪僧都去向他們討教，不是去江西就是去湖南，或者在江西和湖南之間跑來跑去，後來就稱之為「跑江湖」。民間口語裏的「跑江湖」是從禪宗這裏來的，不過後來成為對社會上的三教九流為了餬口而到處奔波的生活狀況的一個概括和描繪，這是後話。

趙州八十猶行腳

我們看歷史上的禪師，比如我們所在的趙縣柏林禪寺，舍利塔的塔主趙州禪師，他是八十歲時才在柏林寺住下來的，那時叫觀音院。八十歲以前，趙州禪師都是在南北各地行腳。從他的語錄裏可以看到，他拜訪過全國幾乎所有的禪寺、禪師，他的足跡遍佈中國南北的各地叢林，乃至於深山老林裏的那些草庵。那時候修行人在深山老林裏修行時，搭一個草棚子，就叫草庵。趙州禪師十幾歲就出家，在安徽的池州。年輕時在南泉普願禪師的座下悟明心地，在其門下住了一些年頭。普願禪師去世以後，他開始行腳，一直到八十歲。這中間的時間相當於有的人一生的光陰。八十歲開始他住在柏林寺，一直住了四十年，到一百二十歲才去世。據說趙州禪師上五台山就上過九次，古代到五台山要走靈壽、阜平，是走山間小路，那困難比今天不知要大多少倍，可是他一生去過九次。宋朝的大居士張商英寫了一首詩，講趙州禪師的修行：「趙州八十猶行腳」，八十歲還在各地參訪；「只為心頭未悄然」，為甚麼呢？因為他心裏還有一些疑惑，沒有徹底放下。「及至歸來無一事」，最後到家的時候發現本來沒有甚麼，沒有甚麼疑惑，甚麼都沒有；「始知空費草鞋錢」，才發現白白地浪費了草鞋錢——參訪幾十年走壞了很多草鞋。實際上這個錢是不會白費的，不經過這個過程，也不會發現無一事，也到不了這個境界。

歷史上行腳修行的禪師是非常多的，到近代，這種傳統依然還在延續。比如我們的虛雲老和尚，他一生走遍中國南北，曾經從浙江的普陀山三步一拜到山西的五台山，開悟以後住在終南山，後來又離開終南山到四川、雲南、西藏、尼泊爾、印度、馬來西亞和印尼這些地方，福建、廣東他也都走過。在虛雲老和尚的年譜裏，他自述了行腳的種種艱辛和他內心的體驗。那時候行腳的艱辛不是我們現代人所能想像的，而且奇怪的是，在行腳的路上會遇到很多在我們看來是與他過不去的事，中間特別不順利，比如說過河的時候，要上船，他靠後，讓別人先上，輪到他要上時，跳板突然翻了，把他翻到水裏去了。在水裏，他抓住船梆子，因為船上坐滿了人，他又不敢動，一動船就會翻掉，所以他只能泡在水裏抓住船梆子過河。上岸以後，身上全濕透了，又是冬天，他跑到一個寺院去掛單。寺院偏偏不收，天也黑了，他只好找了一個戲台，在上面鋪了些濕草，過了一夜。這樣的經歷在他的行腳生涯中經常遇到。他在年譜中說到，他走過了很多山水，外面的境界在不斷地變化，但是他自己的內心卻越來越清明，內心的覺受越來越堅固。

在中國近代佛教史上，還有一位以行腳著稱的在家居士。他叫高鶴年，江蘇人，家裏很有錢，他學佛以後，變賣家產，把錢和時間基本都用在行腳上。他走了三十五年，遊歷了全國各地的名山大川、名剎古寺，參訪過他那個時代許多的高僧大德，如虛雲老和尚、印光大師、大定禪師、智純禪師、赤山法忍禪師、月霞大師等。他到過終南山、峨眉山、五台山、普陀山、南嶽等等，最後寫了一本《名山遊訪記》，裏面有非常豐富的史料，記敍了當時中國佛教界的情況，特別是在深山老林裏修行的那些大德的風範。書中也描繪了他在參訪過程中的種種體驗。

行腳的意義

這麼多的大德都熱衷於行腳，那麼行腳對於我們的修行和生活有甚麼意義呢？

對於普通人來說，一般都有一個家，我們內心的穩定感是與我們的家分不開的。家庭給我們提供了住宿和飲食的保障，家人給我們的思想感情提供了慰藉，這一切都令我們身心平衡和穩定。現代通訊手段便捷，我們今天出門旅遊，即使走到天涯海角，走到國外，走到遠離家鄉的深山老林裏面，仍然可以通過固定電話、手機、視頻等方式和家裏人聯繫。在遙遠的地方，想起還有家，有家裏人在等我，不管在外面多苦，心裏都還有一份安定感，也覺得有一條退路，這是我們普通人對於家的感受。

但是對修行人來說，要讓自己的身心完全獨立起來，讓心擺脱對外在事物的依賴，對名譽、對社會地位的依賴，對一個固定居所的依賴，對固定人際關係的依賴等等。只要我們內心還存在對這些東西的依賴，就說明我們的心還沒有真正地獨立，還是脆弱的、有漏洞的。在茫茫的大地上，在這青青的山裏面，有時候杳無人跡，一個人在那裏行走，沒有人認識你，也沒有任何包裝，你就是遞名片也沒有人曉得你。在此過程中，你會遇到來自外界的認同或否定，遭到打擊乃至傷害，隨着閱歷的增多，修行人的身心會變得越來越堅強。當他的身心完全獨立了，他在行腳時的那種自在灑脱的境界，就不是我們普通人所能領略的了。古人也有很多優美的言辭描寫他們行腳生涯的這種美好與自在，比如傍晚一個人走在山裏面，他們說「杖挑明月，衣惹煙霞」。古代禪僧的行囊非常簡單，他們背着一個藤架，藤條做的背架上面有坐墊、蒲團，有簡單的行李，打成一個包，有的還會帶着一個禪杖。在路上走着走着，天漸漸黑了，禪杖便把明月也挑着，挑着明月在走；「衣惹煙霞」，衲衣所撫之處煙霞升起。

這樣的描述，相信會惹起我們很多人對行腳生涯的嚮往。

行腳最重要的意義，就是要使我們的身心擺脱對外在事物的依賴。現在我們這一生一世的家呢，都是階段性的，總有一天我們要離開它。實際上人從過去到現在、到未來，從小到大到老，一直就在旅途之中，就在行腳之中。你願意要行腳，不願意也要行腳，從來沒有停止過。直到我們死了以後，按照佛教的中陰救脱法講，人死了以後，他的意識有一個階段將會經歷一個過程，像風中的樹葉一樣飄搖不已，不能自主，完全裸露在外相的誘惑和自己雜念的衝擊之下，但是那些通過行腳的磨練內心已經獲得獨立與自由的禪僧，當他的意識進入那種狀態時，他應該一點兒都不會感到陌生，因為他生前一直就處於那種狀態下，認同那種狀態，所以那時他一定能夠自主。

我有一次重感冒的時候，在夢中感受到臨終的意識狀態，漂泊無依。我夢見跟着很多人在一個陰雨連綿的天氣裏趕路。莫名其妙地，大家都沒有念頭、沒有意識，像被風吹着一樣往前趕，像部隊行軍一樣身不由己地往前走，很恐怖。當時我動了一個念頭：「不對，這不是我的同伴！」我念了一聲「南無觀世音菩薩」，就從那個境界裏出來了。人的意識遲早要經過這個中陰過程，所以我們應及早有所訓練。

對禪僧來説，行腳還有很多其他意義，其中一個很重要的意義就是到各地去拜訪修行人。禪宗修行到最後，是以心印心，因為開悟以後的境界是很難用語言文字表達出來的，所以他一定要去拜訪那些認為自己也開悟了的人，互相切磋一下，你感受到的是甚麼，我感受到的是甚麼，以此來辨別真假，互相取長補短，這個也很重要。

還有一點，禪僧們行腳的時候，外面不斷變化的環境，是檢驗他修行是否到家的試金石。有時我們在禪堂裏，風和日麗，衣食有保障，一切都很舒適，你得到一個很好的感受，你以為是開悟吧，但是你把這個感受拿到狂風暴雨裏去檢驗一下，拿到生活沒有保障、身心不斷受到外界考驗的情況下去檢驗一下，才發現在禪堂裏禪坐得到的那一點覺受是非常不夠、非常淺薄的，是一棵非常嫩的芽。這棵嫩芽你要養護它，然後在大風大雨中去磨練它，這也是行腳生涯的一個很重要的意義。

悟道的因緣

歷史上在行腳過程中開悟的禪僧也很多，有很多修行人在禪堂裏打坐沒有開悟，在外面行腳他卻開悟了。

古時有一個禪僧，天天在外面行腳，一天他到一個旅店歇腳，晚上躺在床上，聽到隔壁一個人在唱歌，那人唱道：「張豆腐，李豆腐，枕上思量千條路，明朝依舊賣豆腐」，「張豆腐，李豆腐」，是指賣豆腐的人，「枕上思量千條路」，每天在外面賣豆腐很辛苦，晚上休息時在床上輾轉反側，思量着賣豆腐這麼辛苦，明天是不是還幹這個。是不是要改行跳槽、賣個電腦甚麼的，可是明早起來，還是得賣豆腐。禪僧聽了這支歌，當下開悟了。

還有一個禪僧在街上行腳，正好走到賣肉的地方——你們知道，賣肉的地方都是把肉放在案板上，賣肉的人拿一把刀，這樣的人往往很胖、很慓悍。古代人與現代人一樣都喜歡吃瘦肉，不喜歡吃肥肉，不過他們把瘦肉叫做精肉。大家圍着賣肉的人，七嘴八舌地說：「你給我割塊精的」，賣肉的有點兒不耐煩了，把刀往案板上一砍，說：「哪一塊不是精的？！」這時禪僧剛好走到那裏，聽到這句話，猶如當頭棒喝，當即開悟了。

宋朝的時候還有這樣一個故事，大慧宗杲禪師座下有個弟子叫道謙，道謙跟着大慧宗杲天天參禪，參了二十年，還沒有結果，沒有開悟。看到師父身邊的師兄弟一個個地開悟、受到表揚，心裏非常着急。有一天，大慧宗杲禪師讓他送一封信到湖南長沙，大慧禪師住在福建，從福建到長沙很遠，道謙禪師聽了以後很發愁，他想：「我修行了二十年，歲數也大了，一點名堂都沒有，現在要我去送信，又要耽誤很多時問。」他不太願意送，但是師父命令了，又不得不去。他有一個同參叫宗遠，宗遠禪師跟他說：「師兄，你去送吧，沒事兒，我陪你去。」他看到師兄弟來安慰他，有了點信心，兩人就上路了。走在路上，道謙對宗遠說：「我很苦惱，修行了這麼多年也沒有開悟，現在還要我去送信，一路奔波，怎麼修行呢？」宗遠說：「你也不要發愁，在路上未必就不能修行。在路上你甚麼事也不用管，我都幫你辦，就是有五件事你得自己去做。」道謙問：「哪五件呢？」宗遠說：「吃飯、睡覺、拉屎、拉尿、拖一個死屍路上行。」話一說完，道謙禪師就開悟了，歡歡喜喜地上路。宗遠禪師說：「Bye bye，我要回去了，我的任務完成了。」道謙禪師送完信回來，大慧宗杲禪師站在門口，大概那個廟也在高山上，看到道謙禪師遠遠地走過來，非常高興。他還沒走到跟前，師父就說：「這回不一樣啦，這回不一樣啦！」開悟的人師父都能看出來，他和以前相比完全變了個人，這也是在行腳途中開悟的一個例子。

近和遠

一個事物你要認識它，就要直接接觸它，用身體、用心直接去接觸。直接接觸外面的世界、接觸生活的同時，我們也就直接接觸了自己，自己的身體、自己的心。

行腳給我們以很多的聯想，在我們的身體上，有頭腦和眼睛，眼睛可以看很遠，頭腦可以想很遠，在中國可以想到美國，在地球可以想到月球，在今天可以想到幾萬年之後。但是我們的手和腳卻不能像眼睛和頭腦一樣飛過去，它必須一步一個腳印，必須腳踏實地、胼手胝足地去走。所以禪師的行腳是要把抽象的理論拉回到直接的接觸中去，這個在佛教中叫「現量」，我們在路上走就會知道腳會磨泡、會出汗、腿會瘦、腰會疼；這個山有多高，爬一爬才知道，望山跑死馬，看着很近，真走起來就不一樣了，說有二千米，爬一爬就知道了二千米意味着甚麼。生活裏的事物都是這樣，直接接觸才能領會它。

有一次我陪一個外國人朝拜五台山，剛開始我們計劃租一個車，但是當時價錢沒談攏，他們要的價太高，我們一氣之下，就說：「我們不要車了，爬上去吧！」後來在路上，這位外國朋友和我講了一句話，讓我很驚訝，因為一個歐洲人要說出這樣的話不容易，他說：「你說我們坐車近，還是走路過去近呢？」我說：「當然是坐車近，坐車快嘛。」他說：「你錯了，走過去近。坐車慢，坐車遠，坐車到一個地方比走路過去遠。」我說：「咦，那怎麼講啊？比如說我從北京到法國，我們坐飛機近還是走過去近呢？」他說：「走過去近。為甚麼呢？因為你坐飛機從中國到美國或法國，那種感覺好像是在做夢，好像是在電腦上、地圖上或書本上跳到另一個地方去了，很抽象，一路上會經過哪些地方、哪些國家，哪些山川水土、地理氣候、風土人情與文化，你完全沒有感受，從一個地方一下子就躥到另一個地方去了。但是你要走過去就不然了，你從中國到法國就會知道要經過哪些山、哪些河流，經過哪些國家和民族，各地的風土人情都不一樣，這個離我們近，這個真實，不是抽象的，而是具體的。實際上據我觀察，坐飛機的人多半是把發給自己的那頓飯一吃就閉上眼睛休息，再睜開眼睛就到了另外一個世界。而且你想看也沒得可看，茫茫無際的天空中幾朵雲彩，沒有甚麼看頭。但是你要走過去或騎自行車過去，就不一樣。」

在他的這個說法裏，包含了深邃的與人類精神生活相關的東西，是甚麼呢？就是在人類的精神生活中，在從古到今的哲學思考和宗教探索裏存在着一個矛盾，也就是抽象與具體、主觀與客觀、大腦與腳、頭腦與手、眼睛與手的矛盾，怎樣把眼睛與手的矛盾消融，怎樣把頭腦與腳的距離縮短，這對每一個人來說都是一個問題。一個人的成熟就是逐漸把大腦裏的東西落實到手和腳上，落實得越多。就意味着我們越成熟，落實得越少，就越不成熟。

「打成一片」的修行生活

再回過頭來看中國禪宗叢林的生活，我們就知道，叢林修行方式的那些道理和內涵非常值得我們體會。在叢林裏面，方丈是領導，但是這個領導，他每天要和大家在一起，勞動要帶頭，吃飯在一起，念佛在一起，打坐在一起，一切都在一起。一般人以為，領導是首腦，他管抽象的東西，管命令。他下命令，做導師，坐在那裏不動來指導大家就可以了。但是在中國禪宗的傳統裏，方丈是要與大家打成一片，而且禪僧的修行是完全融化於日常的生活勞動裏面的。在古代禪宗叢林裏，方丈每天或每隔幾天都要上堂說法，禪僧們在地裏勞動回來，把身上的灰拍一拍，手上的泥巴洗一洗，就到法堂裏面跟開了悟的方丈討論，討論那些在我們現在看來最抽象、最神聖的問題。過去的方丈都是開了悟的，現在就不一定。

當然也有很多時候，師父就在勞動中說法，在福建一帶，還一起摘茶，摘着茶葉就突然向弟子發問，或者一起除草、推車甚麼的。有一次，一個開了悟的弟子推着車要過去，他的師父伸着腳擋在那裏不讓他過去，弟子說：「師父，您把腳收一下。」師父說：「已展不收。」一腳伸出去就不收回來了。弟子就說：「已進不退！」推着車就過去了，結果把師父的腿壓傷了。但師父也不是好惹的，到了晚上，上堂的時候，師父拿出斧頭說：「白天把我弄骨折的那個人出來，拿腦袋過來！」徒弟真的就把脖子伸過去了。真的，那時候師父要給他一斧頭，他也是很樂意的，但這樣師父也就沒有給他一斧頭，所以他的脖子還沒有問題。

還有一個禪師在地裏割麥子，到吃飯的時候，寺裏會打鼓通知，他聽到打鼓聲，就哈哈大笑，把鋤頭一扔，轉身就走，和他一起勞動的人都很驚訝。百丈禪師知道了，說：「你們不曉得，他開悟了。他剛才聽到打鼓就開悟了，這是觀音法門。」

百丈禪師還有一個很有名的故事，也是與勞動有關，叫做「一日不作，一日不食」。百丈禪師享壽九十多歲，在他九十歲時，弟子們心疼他每天勞動很辛苦，就把他的勞動工具收起來了，以為工具收起來後他就沒法勞動了。收起來以後，老和尚是不勞動了，到了要吃飯的時候，他不吃，說：「我今天沒有勞動，所以不吃。」弟子們沒有辦法，只好又把工具還給他。你們看，在寺院他本來是精神領袖，但他完全是跟大家打成一片的，要勞動都是一起勞動，這種境界就是消融了一切對立——精神與物質、頭腦與手腳、主觀與客觀、過去與現在——的一種當下的生活，當下的解脫與自在。

中國這片大地適合於行腳，山好，水好，幅員遼闊，在這片天地裏行走，山水就是最好的老師。看巍巍的高山，聽潺潺的流水，這些都是悟道的因緣。

回想祖師們修行的方式，能給我們很多啟發。今天的人離大自然越來越遠，我們同自己生活在其中的這個世界之間的距離越來越遠，而且現在大家的思想感情都受抽象的東西影響，我們都生活在符號裏面，人和人交流通過手機、通過網路，買東西可以上網，也不用去商場了，有人在網上談戀愛，都不用見面了，還有人在網上成立家庭，我聽到都很詫異。生活已經符號化了、抽象化了，越是這樣，就離我們的本心、真心越遠。因為真實的「我」離不開大自然，離不開生活，離不開周圍的人，離不開周圍的一切，所以禪僧的修行生活是開放的，這也是大乘佛法的精神。大乘佛法的修行就是開放的，就是我們師父所說的「將個人融化於大眾」，大眾就是眾生。一個大乘佛法的修行人，他的心是敞開的，向社會、向眾生敞開，與社會、眾生同甘共苦；他雖然是敞開的，但也不是隨波逐流，他有自己的主張、自己的願力和自己的智慧，他有一個不能被眾生動搖的自己的天地。

這是禪僧的行腳生涯帶給我們的啟發。

二〇〇三年七月二十四日

於河北蒼岩山景區對第十一屆生活禪夏令營營員的開示

【輯四】

禪·源

浩浩春風拂法城，鷓鴣一啼山河新。
從頭拈起舊公案，八萬塵勞化妙因。

明海

禪宗的「禪」

禪坐的「禪」與禪宗的「禪」

禪宗的「禪」和禪坐的「禪」，雖然有聯繫，但其實是兩個不同的概念。「禪」，全稱「禪那」，為梵語 Dhyana 的音譯，漢語的意思是靜慮、思維修。這兩個詞揭示了禪的內涵。生活在兩千六百多年前的釋迦牟尼佛，在覺悟以前，曾經歷過相當長時間的禪修探索。早在釋迦牟尼佛之前，古代印度人在禪定方面就有非常悠久的歷史，積累了豐富的禪修經驗和方法。據記載，釋迦牟尼佛曾經向兩位佛教以外的老師學習過禪定，而且達到了非常高深的境界，後來覺得不究竟，不能從根本上擺脱生死輪迴，就放棄了，重新嘗試用自己的方法深入禪觀，最後終於獲得了對宇宙人生的領悟。釋迦牟尼佛所創的禪觀，包括古代印度人一些傳統的禪修方法，今天仍然被人們廣泛運用着。當然，在佛教傳入以前，中國人其實也有自己的禪坐傳統。

釋迦牟尼佛禪觀的思想，從「禪那」——靜慮這個詞來説，由「靜」和「慮」兩個層面構成。第一層面指的是心靈的專注能力，梵語音譯叫「三摩地」，漢語裏「三昧」這個詞，就是對「三摩地」的略稱。第二個層面指的是心靈對於事物的清晰透徹的認識能力，梵語叫「毗婆舍那」，就是「觀」的意思。「禪那」這兩個層面的含義，在中國傳統佛教的文獻裏簡稱「止」和「觀」。專注就是「止」，清晰、明了、透徹就是「觀」。這兩種素質統一起來，就叫「禪」。

止與觀的關係，好比被點燃的蠟燭與燭光一樣。蠟燭如果老是晃動，燭光就閃爍不定，照東西就不清楚，所以，它一定要保持穩定性。這個穩定性，就相當於心靈的「止」，即專注能力。另外，燭光還要有一定的亮度，如果不夠明亮或太昏暗，也照不清楚東西。燭光的亮度就相當於心靈的「觀」，即清晰地觀察事物的能力。心靈的這兩種能力——止和觀，在每一個有情生命的身上都存在着。禪坐的目的，就是要用特定的方法把這兩種能力加以系統地訓練，使之提高。

佛教有不少經論，詳細具體地描述了不同層次的生命形態在心靈專注能力和觀照能力方面的高低、粗細層次之不同。生命層次越高，專注力和觀照力相應地也越強大、越微細。同一個層次的生命形態，每一個個體在專注力和覺照力方面的差異也是非常巨大的。

就人類來說，每個人的心靈專注能力也不完全一致。有的人專注能力非常強，而有的人專注能力卻非常差。一個人如果他的注意力沒辦法集中，連短時間的集中也做不到，那就說明他的心靈有問題。一個人如果心靈非常專注，那麼他在事業上的成就以及生活品質就會超過一般人。另外，從人們所從事的工作性質來看，有一些工作需要有很高的專注能力，比如說，做腦外科手術的醫生，當他把一個人的腦袋打開，在裏邊做手術，就需要非常強的專注能力，不可以有其他雜念。次之，如鄉下的婦女繡花，心裏也要非常專一，要不然就會繡錯了或把針扎在自己的手上。日常生活中，有很多地方都需要專注。沒有專注，甚麼事情也做不成。總而言之，專注的深淺會影響我們的生活品質和工作效率。

人們不僅在「止」的方面存在着差異性，就觀的能力，即透徹地認識事物的能力而言，也同樣存在着差異性。不同的工作、不同的生活境界、不同的教育修養、不同的生活閱歷，導致人們在認識事物、領悟事物方面的透徹能力也不一樣。

止和觀是佛教禪修最核心的內容，也可以說是佛教認識宇宙人生的根本方法。經常有人問我，佛教與自然科學有甚麼區別，與其他的社會科學如哲學、心理學有甚麼區別。區別當然有很多，但最根本的卻是方法上的差異。佛法也要認識宇宙人生，但是，它的認識方法與科學是不一樣的。科學是建立在感官的基礎上，通過對感官所收集的外部資訊資料進行歸納、分析，從而得出結論。而佛教認識宇宙人生的方法卻是止觀，也就是禪坐，通過止觀來認識世界，認識宇宙人生。止觀的運作，重在對自我內心世界的認識。所以佛教認識宇宙人生，首先是認識「能認識的主體」。能夠產生思想感情並作出概念判斷的心，就是所謂的「能」。先認識「能」，然後再由此延伸擴展開來。這就是佛教認識事物的根本出發點。

以上我們從語義學角度解釋了「禪」的內涵。簡而言之，禪就是指心靈的止和觀兩種能力。佛教有一套非常完備、非常精密的禪修理論，在佛教戒定慧「三學」中稱為「定學」，旨在說明人們系統訓練和提高這兩種能力。

禪宗的禪，與我們前面所講的修習止觀的禪坐以及英文的 Meditation，在理念和方法上並不完全一樣。它和坐禪、止觀有聯繫，但是也有區別。談到禪宗的特點，人們用「教外別傳，不立文字，直指人心，見性成佛」這句話來描述。禪宗是中國化的佛教，是我們東方文化貢獻給人類的最寶貴的文化遺產，是人類文化史上最璀璨的瑰寶。

中國禪宗的演化歷史

禪作為佛之心法，它的真正興起是在中國。在具體講述禪的內涵之前，我們先追溯一下中國禪宗的演化歷史。

佛教從印度傳到中國，現在學者通常認為是在西元前二年，也就是西漢哀帝元壽元年，到現在有兩千多年的歷史。從西漢到隋唐，佛教在中國已經發展了將近一千年。在這段漫長的時間裏，中國古代的祖師們翻譯經典，研究教義，闡述佛經的思想，對印度傳過來的佛教經典、宗派思想及修行方法，進行了取捨選擇、創造發揮，最後在隋唐時期形成了具有中國文化特色的佛教宗派。

佛教從印度傳到東南亞、傳到中國漢地、傳到西藏，它所面臨的文化環境並不一樣。在東南亞地區，像現在的泰國、老撾、柬埔寨、緬甸這些地方，佛教傳入以前，基本上處於未開化時期，社會文明很不完備，缺乏成熟的信仰，有的地方甚至連文字都沒有。所以佛教傳入東南亞以後，很快就成為他們文化的主流，一直到現在，現在東南亞有很多國家仍是佛教國家。佛教傳入漢地則不一樣。那個時候中國的文明已經非常成熟了，有非常完備的社會典章制度，出現過很多偉大的思想家，如老莊孔孟等，哲學思維非常發達，至於語言文字那就更不用說了。所以，佛教到漢地來，它所面臨的環境，跟西藏、東南亞是不一樣的。

中國人對佛教文化的認識和接受，一開始就是以中國本有的文化傳統為基礎的，是一個不斷吸收、取捨、創造的過程，而不是完全照搬。印度佛教傳入中國後，經過一代又一代祖師們的不斷消化、吸收、創造，到隋唐的時候終於形成了具有中國特色的佛教宗派，如天台宗、華嚴宗、律宗、密宗、禪宗、淨土宗。在這些宗派裏，最能代表佛教與中國文化的完美結合、也就是說最具有中國特色的佛教宗派，就是禪宗。

禪宗作為一個有中國文化特色的宗派，並不是中國祖師創造和發明的。在佛法的傳承上，它有印度佛教的淵源。禪宗在印度的起源有一個非常優美的故事。宋朝的時候，大政治家王安石在皇宮裏讀到一本佛經，裏面記載了這個故事。因為在其他經書裏人們沒有看到這個故事，所以有人就懷疑這是杜撰。王安石是在宋朝皇宮收藏的佛經裏面讀到的，說明這個故事是有根據的。

故事是這樣的：有一天，釋迦牟尼佛在印度的靈鷲山準備講法，當時有人供養了他一枝蓮花。大眾集合了以後，釋迦牟尼佛並不像以前那樣開始就講，或者是有人提問然後開講。他拿着那朵蓮花不說話。佛陀這個與平時不一樣的表現，使當時所有在會的人感到非常疑惑。這是甚麼意思？只有一個叫迦葉的出家人——他在佛的弟子中資格最老，歲數也比較大，修行很刻苦——在大眾中破顏微笑，也就是說，只有他明白佛所說的法，於是佛陀說：「我有正法眼藏，涅槃妙心，實相無相，微妙法門，不立文字，教外別傳，付囑摩訶迦葉。」在禪宗史上，這句話非常有名。後來有很多禪宗修行人經常問：佛當時傳給迦葉的是甚麼法？這就是禪宗的源頭。此後迦葉尊者成為禪法在佛之後的第一位印度祖師，從他開始，一直傳到菩提達摩。菩提達摩是印度的第二十八位祖師，在中國則被尊為禪宗初祖。

達摩祖師是在南北朝時來中國的。那時正是南朝的梁武帝當政。梁武帝是中國佛教史上的一個菩薩皇帝，他曾經幾次捨身出家，還經常在皇宮裏講經說法，是一個虔誠的佛教徒。梁武帝聽說達摩到中國來，從廣州登陸，於是派廣州刺史蕭昂把他請到南京。見面時，梁武帝向達摩祖師問了一個問題，他說，我修了很多寺院，印了很多經，也經常講經，也曾經出家，我這樣修行有沒有功德呢？達摩祖師說，沒有功德。梁武帝提問的時候，他是有一種期待，希望能從達摩祖師那裏得到一個肯定的回答，得到一個獎勵性的回答，但是對方卻回答說沒有功德。因為話不投機，達摩祖師後來便離開了南京，「一葦渡江」——踩在一枝蘆葦上渡過長江，來到北朝的河南嵩山少林寺，在那裏面壁靜坐。河南洛陽一帶的人都稱他「壁觀婆羅門」。

在少林寺面壁靜坐了九年之後，達摩祖師終於等到一個法的傳人，叫慧可。慧可是中國禪宗的二祖。慧可在出家以前有非常良好的文化素養，對老莊和儒家都有很深的研究，可以說是那個時代知識分子裏的精英。後來他出家學佛，學習坐禪，但是覺得自己還沒有通達禪的奧秘。他的剃度師於是介紹他到少林寺去見達摩祖師。慧可開始見達摩祖師的時候，祖師只顧自己打坐，根本不理睬他。為了表達自己求法的至誠心，一天晚上下雪的時候，他一直站在達摩祖師打坐的洞外，雪一直積到他的腰間，他也不肯走。於是達摩祖師就問他，你站在那裏想幹甚麼？慧可説，我想求法。達摩祖師就説，妙法不是以輕心慢心可以求得的，過去的佛菩薩、歷代祖師都是捨生命求法。慧可聽他這樣講，就拔出刀把左臂砍斷，以示求法之誠。現在少林寺還有一個「瀝血亭」，就是二祖慧可當年斷臂求法瀝血的地方。祖師被他感動了，就説，你有甚麼事情啊？慧可説，我求師父給我安心。祖師説，你找一找你的心，找出來我給你安。慧可沉默了良久，説：「覓心了不可得。」達摩説，我已給你安心竟。找不到心這就行了，也就不存在安與不安的問題了。在這一出其不意的回答之下，慧可開悟了。後來禪宗從慧可傳到三祖、四祖，一直傳到六祖。

達摩祖師雖然被尊為中國禪宗的初祖，但是在開創有中國特色的禪宗、使之成為中國佛教文化的主流、並對傳統主流文化形成衝擊的過程中，六祖慧能大師做出了重要的貢獻。慧能大師在禪宗史上佔有非常崇高的地位，可以說，禪宗真正的創始人是他。

慧能大師祖籍河北涿州，出生於廣東。他父親因做官犯錯誤被貶到了廣東嶺南，六祖就出生在那裏。在他很小的時候，父親去世，他只好以砍柴為生，供養他的母親。有一天，他將柴送到街上的一家店舖裏，恰巧聽到有人誦《金剛經》，經中有一句話，叫「應無所住而生其心」，六祖聽到這句話的時候，恍然大悟，就問誦經的人，你是從哪裏得到這本經的？誦經的人說，在湖北黃梅，有位弘忍大師住在東山，給我們講法，叫我們誦《金剛經》，說是可以明心見性。六祖聽了很高興，回家把他母親安置好以後，就離開廣東，到湖北去拜見弘忍大師。弘忍大師所住持的道場後來就叫五祖寺。五祖寺就是慧能大師第一次見到弘忍大師的地方。

五祖見到慧能，就問他說，你來做甚麼？慧能說，為了成佛。慧能大師是一個砍柴的，文化並不高，也沒有系統地研究過教理，當五祖問他來幹甚麼的時候，他直截了當地回答說我來這裏是為了成佛，這個回答是非常敢於承擔的，非常有氣魄。五祖聽了，就說，你一個嶺南人，一個「獦獠」，連開化都沒有，還想成佛！嶺南位於廣東，唐朝時還沒有開化，屬於邊地，當時犯錯誤的人就被貶到那裏，是蠻荒之地。「獦獠」相當於「野蠻人」。六祖說：『人有南北，佛性沒有南北。』五祖當時聽了，覺得這個回答很不錯，但是表面上卻不吭聲，叫他到寺院後面的碓屋裏給大眾舂米。

過了一段時間，五祖覺得自己歲數大了，要找一個合適的人傳法，於是他放話說，現在我歲數大了，你們跟我學法的時間也不短了，大家都把自己的體會用一首詩寫出來，讓我看看，合格的就把衣缽傳給他。這個話傳出去以後，在寺院引起了很大的轟動。當時寺院的首座叫神秀，文化修養很高，修行很好，德行也很好，平時是寺院僧眾的老師。大家就議論說，五祖的衣缽非神秀大師莫屬。神秀大師也知道大家有這種期許，於是就寫了一首偈子：「身是菩提樹，心如明鏡台。時時勤拂拭，莫使惹塵埃。」這是他對修行的理解。大家可以看出，神秀大師對修行的理解裏，有生和死的對立，有身和心的對立，有染和淨的對立。大家都覺得這個偈子寫得很好，於是不斷地傳誦。六祖聽到以後，認為這個偈子寫得不好，沒有達到開悟的境界，於是就說，我也有一首偈子。他不會寫字，就找人來寫：「菩提本無樹，明鏡亦非台。本來無一物，何處惹塵埃？」這首偈子是針對神秀大師的偈子寫的，它把禪的精神表達出來了。禪是超越對立的，超越身和心、染和淨、拂拭和不拂拭的對立，本來就沒有染和淨，甚麼地方還會染上塵埃呢？五祖看到這首偈子以後，就把衣缽傳給了他。

離開五祖之後，六祖經過了十三年的隱居生活，後來在廣東光孝寺出家、受戒，又在南華寺講法，當時的人把他講的法記錄整理成文，就是現在的《六祖壇經》。我們都知道，佛經一般是釋迦牟尼佛講的，而在中國佛教史上，六祖慧能大師的語錄是唯一一本不是釋迦牟尼佛講的但仍然被稱作「經」的著作。它是中國祖師向印度祖師學習、領悟了禪的精髓以後，用本土化、生活化的語言——在唐朝來說它是白話——來表達禪的精神、禪的境界、禪的修學的特殊著作。我們說六祖大師是中國禪宗的實際創始人，也正是因為這一點。他出身樵夫，是個文盲，因為他的生活最貼近普通的勞苦大眾，所以他的教法是大眾化的，他提倡的修行也是大眾化的。《六祖壇經》裏講，「菩提自性，本來清淨，但用此心，直了成佛」；修行不一定非要出家，「若論修行，在家亦得」。我們的自性每天都在起作用，穿衣、吃飯、睡覺，言行舉止，起心動念，都是在用這個心。如果能覺悟這個心，直下就可以成佛。《六祖壇經》把禪的生活化風格以及直指人心、直截了當的做派表露無遺。

六祖以後，中國的禪宗蔚然成風，不僅成為佛教的主流，而且也衝擊着主流文化，影響到中國古代哲學、文學和藝術的發展。宋明理學的復興，完全是受了佛教的影響，特別是受禪的影響。不少宋明理學家都跟禪師有過交往，從禪師那兒學到很多東西，或者有所開悟，最後表述為儒學的語言，即宋明理學。中國的書法、繪畫，在唐宋以後也受禪的影響。可以說整個中國人的思維、中國人的生活，無不受到禪的影響。中國文化像一條龍一樣，點了「睛」即可以飛升，而正是禪為中國文化點了「睛」。

二〇〇三年十一月二十二日
於北方交通大學人文社會科學院對企業家的演講（一）

禪的特色

甚麼是禪？用佛教的語言講，禪是般若智慧——「般若」就是智慧的意思。禪就是大智慧，大智慧的境界和達到此境界的方法。這樣講，有人會提出疑問：難道佛教的其他宗派修的就不是智慧嗎？難道其他宗派的修行就不以開發智慧為目的嗎？實際上，其他宗派的修行也離不開智慧，也是以開發智慧為目的。禪宗與其他宗派的不同之處就在於，禪強調在當下開發般若智慧，禪的般若智慧是活潑潑的。

佛教裏有一個詞，叫「宗教」，它與我們現在所說的「宗教」含義不一樣。在佛教的傳承裏，「宗」和「教」是分開來講的，是兩個概念，代表兩種不同的修行方向、不同的修行風格。釋迦牟尼佛是一個偉大的老師，他一生教了很多修行方法，這些修行方法都是針對學生的不同根器而設的，循循善誘，有次第，我們稱之為「教」。在這諸多的方法之外，還有一個方法，是專門針對少數上根利器的人而設的，叫做「不立文字，教外別傳，直指人心，見性成佛」，我們稱之為「宗」。

教就是理論，通過理論的學習，逐步升進，逐步訓練，逐步提高。教有點像我們現在的科班性質，按照教科書一步一步地訓練，一步一步地達到，這叫教。像天台、華嚴、唯識等其他宗派，都可以稱作教。教的修行，先要有理論的準備、理論的學習和思考，然後再按照理論一步一步地去做，慢慢地超越理論，到最後，不需要理論。

我們可以對宗和教作個比較。教，是通過理論逐步升進，它是一個次第法，它是未來時。而宗則是心法，超越理論和次第，直指人心，直指當下，它是現在進行時。大家都知道，我們的生命沒有一刻停止過，就在我們說話的當下，生命正在進行着。每個人都有佛性，每個人都有與佛一樣的智慧，這個佛性和智慧沒有一刻停止過作用。凡夫和聖賢的區別，只在於有沒有發掘這種智慧，有沒有認識到這個佛性、開發和利用這個佛性。我們說「宗是現在進行時」，意思是說，在當下的每一個時刻，我們都有機會認識佛性，都有機會開發我們本有的智慧。這是禪宗的特點。

「直指人心」的「直指」，就是前面提到的「現在進行時」。我在講話的時候，大家聽得清清楚楚，就在這每一個當下、每一秒鐘中，我們的生命都沒有停止過，實際上，就在這每一個現在進行時中，我們已經當下在用自己的佛性，我們完全可以當下認識自己的心性，而且這個當下的體認，甚至不依賴於理論，不依賴於科班式的教學，它是直接的。

「宗」這個方法，是不立文字的，換句話來說，它是在語言文字之外，通過心與心之間的直接契合來完成的。禪宗之法又叫「心法」，這個心法不在文字當中，只能在當下的心地上去實證它。任何語言文字都無法代替實證，也無法傳達這個心法。

由於禪宗的心法比較難理解，所以在禪宗語錄裏，古代祖師用了很多善巧方便來描述禪的特色。宋朝時，有一位五祖法演禪師，他講了一個故事，記錄在一本叫《宗門武庫》的書裏。這個故事我覺得是他杜撰的，但是它確實把禪的特色講出來了。五祖法演禪師給我們講，禪的教法有甚麼特色呢？他打了一個比喻，說有一家人以做賊為生，賊父親經常帶着賊兒子到外邊偷東西。我們知道，三十六行，行行有門道，偷東西也有偷東西的門道。兒子很快從父親那裏學到了很多做盜賊應該掌握的技巧。有一天父親對兒子說，「我老了，幹不動了，以後的事你得接班。」兒子說，「我跟你這麼多年，基本的東西我已經學到手了，現在要交接班了，你得把你最核心、最尖端的那一招教給我。」父親說，「行，今天晚上教給你。」於是，那天晚上賊父親帶着賊兒子，來到一戶人家的院牆外，先把牆掏了一個洞，進到院子裏，接着又潛入一個房間，撬了鎖，這些都是常規的，賊兒子覺得沒有甚麼稀奇，因為他經常這樣做。接着，他們來到主人的內室，櫃子內滿是金銀細軟。等把櫃子撬開後，賊父親就示意賊兒子跳進去。兒子進去以後，這個賊父親突然「啪嚓」一下把櫃子門鎖上了，然後就往外跑，邊跑邊喊：「有賊啊，有賊啊！」宅子裏的人都被驚動了，然後賊父親一個人跑掉了。這家人起來到處找，也沒有發現丟了甚麼東西，鬧嚷了一頓，都接着睡覺去了。賊兒子在櫃子裏這個着急啊，因為他以前沒有遇到過這種情況，也沒有學到解決的辦法。就在他無計可施的時候，突然想到一個辦法。他用手不斷地摳這個衣櫃，聽起來就像是有一隻老鼠在裏面啃東西一樣。主人躺下以後，聽到櫃子裏有老鼠，就讓僕人點枝蠟燭把櫃門打開看看。櫃門一打開，賊兒子突然「噗」地一口把蠟燭吹滅，跳出來，一下子竄到了外面。跑到院牆邊，他就心裏開始叫苦。原來掏開的那個洞口，已經被他父親用蒺藜[1]給堵死了。後面的人追來了，賊兒子急中生智，把旁邊的一個尿筒套在自己頭上，從滿是蒺藜的洞裏爬了出來。跑出來以後，賊兒子氣喘吁吁地回到家中，開始埋怨父親。他父親卻回答說，「你不是要我教給你最尖端的東西嗎？我今天傳給你了。」這就是心法。

1 蒺藜：一種有刺的草本植物，好像鐵絲網一樣。

大家想一想，這個心法是甚麼呢？當我們的心在沒有任何依靠、沒有任何理論可憑藉的情況下，陷入一種類似於絕境的狀態，而後天所學得的種種知識、觀念、習慣性的思維，乃至情緒反應等等，全然無效，不得不放下，這個時候，我們心裏本有的智慧就會自然而然地生起。這個就是心法。在這種沒有任何東西可以執着和依靠的狀態下，我們的心往往能解決一些難以解決的問題。當我們的心徹底擺脱了一切理論知見、思維習慣、一切套路的束縛之後，它是空靈的，具有無限創造的可能性。不是教你先做甚麼、後做甚麼，完成這個步驟之後會有一個甚麼樣的效果，下一步又是甚麼效果，這是教的做法，而宗門中全然沒有這些東西。

與佛教的其他宗派相比較，禪宗的特點就在於它不是理論的。不立文字，直指人心，這一特點決定了禪的傳播特別注重師承，重視以心傳心。釋迦牟尼佛在靈山會上拈花，迦葉尊者破顏微笑，法的傳承就是在無言之中完成的。從靈山會上釋迦牟尼佛給迦葉尊者傳法開始，一直到今天，禪的傳承沒有中斷過。以我所屬的臨濟宗來説，現在傳到了四十五代，如果從釋迦牟尼佛算起，已經是八十五代了。在世界文化傳播史上，像禪宗這樣，一個人跟另外一個人、一代人跟下一代人，代代沒有中斷過，這是很少見的。這種傳承方式，是人類文化傳承史上的一個奇蹟。在中國佛教史上，國家雖然經歷過許多苦難，包括文化大革命，但是這個傳承的源流沒有中斷過。六祖以後，中國的禪宗呈遍地開花之勢，形成五個宗派——溈仰宗、曹洞宗、臨濟宗、雲門宗、法眼宗，一花開五葉。這五個宗派都產生於中國的唐五代之間。傳到今天，最有影響力的有兩個宗派，即臨濟宗、曹洞宗，其他的宗派已經是名存實亡了。在臨濟宗、曹洞宗這兩個宗派裏，更有影響的是臨濟宗，所謂「臨濟子孫遍天下」。當年臨濟義玄禪師在江西得法以後，來到河北正定傳法。所以，臨濟宗的發祥地就在正定的臨濟寺，它是臨濟宗的祖庭。

前邊講到，禪是一種心地法門，在這裏，語言文字沒有用，它的修證境界亦非語言所能描述，所謂「如人飲水，冷暖自知」。既然是這樣，那麼如何才能確定所達到的境界是不是對的呢？師承的重要性就在這裏體現出來了。一個人在承傳法脈之前，必須經過某位大成就者的印證，證明確實開悟了才行。從釋迦牟尼佛印證迦葉尊者開始，一代一代地印證，一代一代地承傳，禪宗的法脈就是這樣被繼承下來的。歷史上，凡是經過印可的禪師，從修行上説，都是經過千錘百煉的。一個開悟者，在修行的過程中，要尋師訪道、廣參博學，要經過很多有修行的人的印證才行。雖然在修證方面，我們可以通過經教來印證自己，看自己的所修所證是不是與經書上講的相吻合，但是最穩妥的還是通過開悟的老師來印證。

禪宗的最後一個特徵就是「見性成佛」。「見性成佛」的「性」是甚麼呢？就是佛性，就是我們本有的、無住的、平等的、清淨的、無礙的覺性。我們日常的舉手投足、起心動念、待人接物，都是佛性的作用。佛性一刻也沒有離開過我們，只是我們很少迴光返照它，這就叫「百姓日用而不知」。我們所說的成佛，就是要成就「自性佛」，即體證這個無住平等、清淨無礙的覺性。另外，性也可以說是宇宙萬物的統一性。如果我們能夠透過宇宙人生的差別性，認識到它的統一性，我們就算抓住了打開宇宙人生奧秘之門的鑰匙，有了這把鑰匙，我們就可以成佛。

二○○三年十一月二十二日
於北方交通大學人文社會科學院對企業家的演講（二）

禪的悟境

禪的精髓在於心靈的開發，即開發我們心靈中本具的佛性和本有的智慧。

也許有人會問：開悟是一個甚麼樣的境界呢？以我來說，我沒有開悟；即使是真的開了悟，恐怕這種境界也無法說出來與人分享。在這裏，我所能做到的，只是借助古代祖師的修道悟道經驗，來描述一下禪的悟境。我們可以根據過去祖師和現在的修行人的心靈狀態、生活態度和修行歷程，從這些角度來了解一下開悟的境界。

根據古人悟道的經歷，關於開發心靈智慧、開啟佛性的心路歷程，我們可以把它概括為三個階次，也可以說是三種方法。

大死一番

禪者開發心靈的第一個方法，叫「大死一番」。

我們這裏所說的禪者，不僅指出家的禪者，同時也包括在家修禪的人。從古到今，有很多在家的修禪人。在唐代，有不少村夫愚婦沒有甚麼文化，也能擁有禪的悟境。禪宗典籍上記載了不少老太婆把那些禪師問得啞口無言，答不上來的公案。在宋朝，也有很多讀書人修禪，如蘇東坡、黃庭堅、王安石等等，他們都是在家人。近現代在家修禪的人也很多。所以我說禪者包括在家人和出家人。

前面講到，佛教所說的般若智慧不在語言文字上，它是每個人內心本具的一種品質。我們的心每時每刻都在活動，會產生各種不同的反應，這個主宰生命活動的、活潑潑的能動的心，它所本具的根本品質，就是般若智慧。一個人的學歷高低、貧富差異、階級地位、高矮胖瘦、男女老幼，這種種的一切，不是心地的品質，而是後天的現象。這一切不僅與心地的品質沒有直接聯繫，而且對大多數人來說，後天的差別現象，包括我們所學到的知識、觀點、結論，有時反而會障礙本具的品質。當然，與生俱來的劣根性，如貪心、瞋恨心、自我中心意識、偏執等等，更是我們本具品質開顯的巨大障礙。

所以想要認識本具的佛性，開發這個品質，就必須「返本還源」。返本還源不是在外面去追求一種神秘的東西，而是在內心裏面去發現。我們越是向外尋求，離內心本具的品質距離就越遠，所以古人講「轉求轉遠」。要想把內心本具的佛性品質開發出來，必須把後天的分別心、妄念、情緒、觀點全部放下，也就是說，要從那些先入為主的思想、觀念、思維方式，以及貪瞋癡等種種束縛中跳出來。放下它們不是說要把我們變成白癡，不是說要我們把所寫的論文燒掉，而是要把我們的心從對這些東西的執着，包括對財富、地位、生死、色相等等的貪着中解放出來。這個問題才是我們真正應該解決的核心問題。

每個人的生命意識之流，一刻都沒有停止過。我們只有透過這個意識之流、妄想之流，才可以見到內心本具的佛性。那麼，怎樣才能透過這個意識之流呢？這就是我所講的要「大死一番」，也就是古代禪師講的「截斷眾流」。在浩浩蕩蕩的長江上修一座堤壩截住江流，是非常驚險的，也是非常困難的。我們的思想、情緒、念頭從來就是滾滾向前，沒有停過，我們從來沒有看到它們的空性，妄以為它們是實有的，於是錯誤地想：啊！這是我，我的思想，我的感覺，我的觀點，我的看法，總而言之是我。其實它只是一個意識之流，生命之流。這好比電影，我們覺得整個故事很完整，其實那只不過是由一大堆靜止的圖像組合出來的，只是通過電影膠片連續投射，在視覺上給我們一種連續的動感而已。我們的心也是一樣。生命之流力量非常強大，但是一旦我們截斷了它，生命將是另外一番風光！「行到水窮處，坐看雲起時」，描寫的正是這種全新的生命境界。這一點可能是今天的人難以理解的。

生命之流被截斷，古人稱之為「言語道斷，心行處滅」，語言思維的心走到了絕境，心念的運行停息了下來。生命之流被截斷後，並不是生命斷滅了、甚麼也沒有，後面還有一個東西在起作用。在言語道斷、心念滅的地方，心靈本具的般若品質，從來沒有中斷過，還在那裏起作用。我講話時，你們不需要任何作意就能聽見；開水濺到你的手上，你不需要任何作意，馬上就能感覺到痛。這當中，是甚麼東西在聽？是甚麼東西在痛？同樣的，當我們思考、產生愛和恨的情緒的時候，是甚麼東西在思考？是甚麼東西在愛？甚麼東西在恨？是甚麼東西在指使我們做出種種動作、產生種種意識？這個問題，我們每個人都面對過，而且正面對着，我們可以從這裏入手來認識禪。禪的任務就是關注我們生命的本來面目，關注我們生命每一天的活動究竟是甚麼東西在起支配作用。

對這樣一個問題，我們不能僅只停留在知識層面上的探討。活着的時候要明白，死的時候也要明白；有錢的時候明白，窮的時候也明白；順利的時候明白，不順利的時候也明白；年輕的時候明白，老的時候也明白。這個明白，超越了我們的生老病死，超越了我們的窮通壽夭。這個明白，別人不能代替——像上廁所一樣，誰也不能代替。古人講，「各人吃飯各人飽」，《六祖壇經》裏講「自性自度」、「自性自悟」，自己的問題還得自己去解決。只有自己去領悟，自己才會明白。

「大死一番」的意思是，要透過意識之流，截斷它，像三峽大壩截流一樣。唐朝有一位香嚴智閑禪師，本是百丈禪師的弟子，年輕的時候在百丈座下修行，但是沒有開悟。百丈禪師座下有很多弟子都開悟了，為甚麼他沒有開悟呢？因為他太聰明。百丈禪師還有一個弟子，叫溈山靈祐。百丈禪師去世後，智閑只好到師兄溈山靈祐那兒去參學。靈祐禪師本來是他的師兄，後來變成了他師父。靈祐知道他的毛病，有一天把他叫到跟前，對他說：「聽説你在師父那裏問一答十，現在你也不用跟在我身邊了。我問你一個問題：在你父母生你以前，你的本來面目是甚麼？」這一問，他答不上來，只好退下去查經論，翻來翻去，查不到答案，他就又去找溈山禪師，要溈山為他説破。溈山説：「我不給你講，你應該自己去悟。」過了好長時間，智閑禪師還是不明白，非常失望，説：「我從今以後再也不學佛了，只做個粥飯僧，每天吃飯，甚麼也不想，免役心神。」後來他來到河南南陽，那兒有一個大禪師——慧忠國師的塔，智閑就在那裏守墓。他在那裏自己種點地餬口，每天打掃衛生。有一天鋤草的時候，他把一個瓦片撿起來，無意中拋到竹子上，發出清脆的一聲響，他突然開悟了。開悟了以後，他回去沐浴更衣，朝着溈山方向燒香禮拜。他說：「和尚大慈，恩逾父母，當時若為我說破，哪有今天啊！」就是說，如果當時溈山靈祐禪師告訴他一個答案的話，他可能就滿足於那個答案，不再在自己的心地上深入了。心地的深入需要放下語言，放下既有的結論，單刀直入，直接去體會。

大家想一想，香嚴禪師悟在哪裏呢？是悟在瓦片敲竹子的聲音上嗎？如果悟在那上面，那我們每天敲瓦片，為甚麼不開悟呢？他之所以能開悟，關鍵是在當他回答不了溈山的問題的時候，他把原來所學的知識、結論都放棄了，讓自己一直非常活躍的意識活動止息下來了。他說「此生不學佛法，做一個粥飯僧」，所謂粥飯僧，就是甚麼事也不管。在日常生活中，當我們的意識活動止息下來的時候，在那個情況下，一個外在因緣的觸擊，就有可能使我們當下截斷意識之流，見到心性的另一種風光。這個過程，叫「大死一番」，即把以前的一切都拋開，全部放下。

直下承擔

禪者開發心靈的第二個方法，叫做「直下承擔」。

前面講過，禪宗的心法與次第禪的止觀方法雖然有聯繫，但本質上不一樣。在印度，禪觀法門裏，像止息觀、因緣觀等等，都是對治法，因為我們有這樣的問題，心裏有這樣的缺陷，所以需要用這樣的方法來對治它。而中國禪宗的特色是要求禪者全力承擔。

全力承擔是甚麼意思呢？即念念相信一切都是佛的化身，一切都是佛性的妙用，在此信心之下，回歸於無心而照、照而無心，回歸於統一性，包容一切，不取不捨。心裏面的善惡念頭，外界的環境，大自然中鳥語花香，四季變換，太陽東升西落，月缺月圓，這一切無不是法身。所以祖師講：法不是見聞覺知，但是法不離見聞覺知。見聞覺知所實踐的，就是生命的全部境界。因此談起全體的承擔，就是不外求，不靠外界的力量來拯救我們，當下證真，當下體悟萬物的統一性，當下讓生命本具的佛性放光。

「正法眼藏」這種説法，是一個比喻。在眼睛沒有打開之前，我們生活在黑暗當中。因為沒有真正的智慧，我們所見到的一切，都是對待的，如是非、美醜、來去、生死等等。只要有是非、美醜、得失、利害之分別對待，我們就生活在矛盾當中，就生活在愚昧昏濁狂亂之中。而禪的境界則是一種統一的境界，就大的方面而言，過去現在未來的統一，空間的統一，自他的統一，人和自然的統一，個人和社會的統一；

就個人而言，身和心的統一，言和行的統一。修禪的目的就是為了回歸這種統一，它是我們心的本原狀態。

臨濟祖師講：「道流！是你目前用底。與祖佛不別，只麼不信，便向外求。莫錯！向外無法，內亦不可得。」——這個「現在進行時」，與祖師、與佛沒有甚麼區別。法不用向外覓。如果有內外的對待就不對了。「大丈夫漢，更疑個甚麼？目前用處更是阿誰？」——這是禪師說話的語氣，他逼迫我們當下承認。「把得使用，莫著名字。」——你認識了它，你就可以使用它。而它沒有名字，沒有形象，沒有方所。「號為玄旨，與麼見得，勿嫌底法。」[1]——如果你認識了目前的自己，就是現在正在進行時的這個東西，你就徹底擺脫了生死的纏繞。嫌的意思是嫌棄、拋棄、不要，取捨——我要這個，不要那個，我喜歡這個，討厭那個。如果你認識了它，怎麼都好。在家好，出家也好；窮也好，富了也好；健康好，生病也無妨；活着好，死了還好。如果見到了我們生命中現在進行時的那個，我們就可以獲得生命的主動權，由被動的生活變成主動的生活；由有選擇的生活變成一種欣賞的生活；由發牢騷、抱怨的心、變成讚美、讚嘆的心，感激的心。

長沙景岑禪師說：「盡十方世界是沙門眼」——十方世界都是智慧，都是出家人的眼；「盡十方世界是沙門全身」——十方世界，天地萬物，山川河流，就是我們自己；「盡十方世界是自己光明」——十方世界都在自己光明裏；「盡十方世界無一人不是自己」——十方世界沒有一個人不是你自己。所有的對立都統一了。甚麼叫開悟呢？現在我們可以在語言上勉強下一個結論：開悟就是生命中所有的對立面全部統一起來了。領悟了這個統一性，找到了這個統一性，就獲得了生命最大的自在、最大的自由、最大的主動性。迷失的生命在矛盾裏，開悟的生命在統一裏。我再強調一點，這個統一是在自己心地上的統一。

全體承擔不是一下子就能做到的，需要訓練。怎麼訓練呢？就在當下所起的這一念上，承擔一切原本如是。說到承擔，實際上我們是一點也開口不得，完全是言語道斷、心行處滅的內證境界。就像魚在水裏，它不去思考水。為甚麼？因為它就在水裏邊。我們本來就在佛性裏，本來就在道裏，我們的整個活動都在佛性裏，內外、主客觀的一切都在這裏。所以，對於佛性、對於大道，我們是描也描不成、畫也畫不就，

1 有關臨濟禪師的引文出自《古尊宿語錄》卷四。

很難說。

有一個公案講全體承擔。宋朝有一位大詞人黃庭堅，他是學佛的，據說他知道自己的前世。有一次，他偶然走到一處自己上輩子生活過的地方，看到有一位老太婆在一個靈位前供飯。他走進屋裏，覺得非常熟悉，書、書架，都覺得很眼熟。原來老太婆的女兒已經去世，她就是黃庭堅的前生，所以每當忌日供飯的時候，黃庭堅就不覺得餓。黃庭堅跟晦堂禪師學禪，因為他是個讀書人，所以晦堂禪師就用孔子的話來給他講。晦堂禪師說，《論語》裏有一句話，你有沒有注意啊？孔子跟弟子說，「二三子以我為隱乎？吾無隱乎爾。」學生們啊，你們以為我在法方面對你們有甚麼隱藏嗎？沒有！我從來沒有對你們隱藏過任何東西，一切都是現成的。晦堂禪師跟黃庭堅講，你明白這句話的意思嗎？黃庭堅說，我不明白。晦堂禪師說，那你就好好地參一參吧！於是黃庭堅每天都參這個問題，可是儘管費思索、動腦筋，還是找不到答案。有一天，他陪晦堂禪師在山間散步，正好看到一樹桂花怒放。晦堂禪師就問：「你聞到桂花香了嗎？」他說：「聞到了。」 晦堂禪師馬上說：「吾無隱乎爾。」一言之下，黃庭堅開悟了。這個故事講的就是全體承擔。

轉身向上

禪者開發心靈的第三個方法是「轉身向上」。

轉身向上是個形象的說法。當我們取得一個進步、獲得一個成果的時候，我們常常會執着於那個進步和成果，全身心都繫在上面。轉身向上的意思是說：放下，往前走。有一首詩：「百尺竿頭不動人」——我們到了很高的境界，在百尺高的竿頭上站着；「雖然得人未為真」——到了那個時候，還沒有到究竟。在這裏，還需要再往前走一步——「百尺竿頭重進步，十方世界現全身。」禪師們在修行開悟的過程中，心路歷程是非常豐富的。因為每個人過去世所積累的經驗不一樣，所以在修行的過程中，所遇到的景象也不一樣。但不管怎樣，這一切都得放下。有一些景象看起來像是開悟，但不是開悟。有一些景象是粗淺的悟入，不是徹底的悟。即使是徹底的悟入，一旦我們的心執着於它，那它又有了對立面——悟和不悟的對立。所以，不管出現甚麼境界，都得無住。如果執着悟，也是錯誤的，也需要放下。

「轉身向上」，用現在的話來說，是要不斷地超越、不斷地放下。用老子的話講，就是「損之又損，至於無為」。把所有達到的不斷地放下，不斷地放下，不斷地放下，將這個心空得沒有一點點滯礙。要知道，我們的心中，只要有一點點執着，就會障礙我們的道眼。所以古人說，「金屑雖貴，落眼成翳。」金屑雖然很貴重，但是放到眼睛裏面，卻會帶來毛病。在修行的過程裏，在工作、生活的進程裏，我們所得到的成績、得到的境界，如果我們執着於它們，它們就會把我們束縛和障礙住，再也不能前進了。宋朝的大慧宗杲禪師講，他在修行的過程中，大悟十八次，小悟無數次。絕大多數禪師開發心靈的般若智慧，都不是一步到位的。雖然他的方法是「頓」，但是，修行的過程也是很漫長的，需要經過很多的境界、很多的磨練，要拐好幾個彎。在這個過程中，需要經常轉身向上、經常超越自己。這種精神就是《金剛經》裏講的「應無所住而生其心」。

我們後天的理論、知識、概念，這些先入為主的見解，以及我們先天所具的貪瞋癡慢疑等劣根性，自我中心主義，這一切，我們執着於它們，它們就會成為我們開悟的障礙。連開悟的境界、開悟的感受，我們也不能執着於它，執着也是障礙。可見，問題不在我們執着在甚麼上面，問題在我們是不是有執着。只要我們有執着，那就是障礙。從這裏，我們就能理解臨濟禪師所講的「逢佛殺佛，逢祖殺祖」。一般學佛的人看了會很驚訝，怎麼能殺佛殺祖呢？這個殺，不是殺戮，而是放下，當我們的心被佛的概念、祖的概念或者被自己所領悟的境界束縛住了，出不來，那個時候我們就要放下。所以這個「殺」字，不是拿刀砍，而是放下、放下、不斷地放下。

馬祖道一禪師有一句非常著名的話，叫「即心即佛」。祖師講「心即是佛」，其實只是一隻船，目的是要把我們帶到彼岸去，但是很多學人不明白這個道理，於是執着於「心即是佛」這個結論。有一位大梅禪師，在馬祖座下開悟以後，在山裏修行，有一天，馬祖就派一個人去試探他的境界。被派去的那個人見到大梅禪師，就問他：「如何是佛？」大梅回答說：「即心即佛。」試探他的人說：「你搞錯了，現在馬祖說法已經變了，現在講非心非佛。」大梅回答道：「管他非心非佛，我這裏依然是即心即佛。」這句話的意思是說，是「即心即佛」還是「非心非佛」，並不重要，關鍵是你的心是不是住着在一個東西上面，是不是已經得到了自在，有沒有從語言、概念、情緒、我見裏解脫出來，若是解脫出來了，怎麼說都對，「即心即佛」對，「非心非佛」也對，「不是心、不是佛、不是物」也對。試探他的人回去後，向馬祖報告了這個過程，馬祖很高興，說「梅子熟矣」[2]，認可大梅禪師的修行已經到家了，已經不會再為各種名言、思想和知見所轉動了。

2 這段公案出自《景德傳燈錄》卷七。

可能有人會問，一切都不執着，究竟是甚麼狀況呢？從自受用來說，很難用語言表達；從外在表現來說，就是一個平常。所以真正徹悟的人，他是平常的，不搞特殊，不標新立異，不突出自己，只是平常心。有位大珠慧海禪師，有人問他，你現在這麼高的境界了，還修行嗎？他說，還修行。怎麼修啊？「飢來吃飯睏來眠」，餓了就吃飯，睏了就睡覺。那人又問，我每天也吃飯睡覺，怎麼不是修行啊？禪師說，你吃飯的時候「千般計較」，心裏有好多妄想，有很多思想負擔，比如你吃飯的時候還在想工作啊、生意啊，想職位啊、工資啊，想家庭啊，分別飯菜的好壞啊！你睡覺的時候呢，更是問題不斷，各種思索、計量、盤算，揮也揮不去，剪不斷，理還亂。這就是我們普通人吃飯和睡覺時的狀態。吃飯、睡覺如此，做人做事、接人待物、言談舉止無不是如此，所以我們不自在，很煩惱很累。但是禪師與我們凡夫不一樣，他是自在的，因為他在吃飯睡覺時受用他的般若智慧。

智慧是普遍的，真理是普遍的，從來沒有停止過作用。打坐時，它在起作用，睡覺時它仍然在起作用。如果睡覺時它不起作用，說明這個道是假的。《中庸》講，「道也者，不可須臾離也，可離者，非道也。」所以說，悟道之後，只是平常。平常心是道。

以上我們從三個方面考察了禪者開發內心本具的般若智慧所使用的三個方法，或者說所經歷的三個階段：第一，大死一番；第二，全體承擔；第三，轉身向上。我所講的，只是文字概念，並不是禪宗的心法本身。如果有一位真正的禪師在這裏，他會給我一巴掌，因為我的這種講法，把他們玷污了。但是沒有辦法，我們只能用語言，從不同的角度來觀察、分析，這樣聽者才能有所了解。

二〇〇三年十一月二十二日
於北方交通大學人文社會科學院對企業家的演講（三）

禪者的風貌

前面我們從方法論的角度，考察了禪者開悟以前的修行歷程，下面我們擬從禪者開悟以後的精神境界、人生態度、價值取向等角度，分三個方面來透視一下禪者的精神風貌。

孤峰獨宿

第一，孤峰獨宿。這是講開悟的人，他的心靈獨立了，已經擺脫了一般人普遍具有的對外在環境的依賴，成為一個真正獨立的人，就像是一位隱士，住在高高的山頂，住在凡人不到的地方。他的心在那裏，超越了一切法，這就是孤峰獨宿。

可能有人會問：禪師他吃不吃飯、喝不喝水啊？他也吃飯，也要喝水，他也需要這些東西來維持體力。但是他的心境是獨立的，不像普通人心裏依賴很多東西。我們從小到大，接觸了很多意識形態、很多價值體系，我們的心依賴這些，一刻也沒有離開過。我想，各位不會突然把頭剃光了去上班，那樣的話，上街坐地鐵，肯定會有很多人看我們，到了單位，整個公司的人都會感到很驚訝。其他跟社會輿論不相容的言行，我們就更不敢做了。由此可知，人是有依賴性的。人的依賴多種多樣，有情感的依賴、身體的依賴、飲食的依賴、睡眠的依賴、社會輿論的依賴、人際關係的依賴、財產的依賴……如果把這些拿掉了，我們就完蛋了，精神會徹底垮掉。但是，禪師從所有這些依賴之中解脱出來了。

解脱的人不一定就標新立異，相反，往往會表現得更平常。當然，有時候他也會標新立異，以此來表現他心境的自由。悟者心境不依賴於一切的概念名言、思維習慣、價值判斷，所以有時候，禪師的言行表現得十分奇特，普通人無法理解。比如問：「甚麼是道啊？」禪者可能會回答說：「磚頭就是道。道在屎尿中。」這樣的回答，我們常人接受不了。因為他獲得了自在，超越了一切對立，所以一切都是道。我們問他地球是圓的還是方的，他可能說是圓的，也可能說是方的。問題的關鍵不在於他怎麼回答，而在於他心境的自由。

有位禪師為了表明自己的悟境，頭上戴着儒冠，腳上穿着道鞋，身上穿着僧袍，然後出來問大家：我是僧？是儒？是道？

趙州禪師也有類似的行為。有人來拜見他，他明知故問：你見到我了沒有？學人說我看到了。趙州禪師說，我是一頭驢，你在哪裏看到我？我們不要在乎他說他是一頭驢，如果把心放在這個上面，就錯了。實際上，他這個回答，是想把他從一切依賴和纏縛中解脫出來的自由、超越和獨立的境界展示給我們看。

天台德韶禪師有一首詩：「通玄峰頂，不是人間。」餓了還是要吃飯，睏了還是要睡覺，怎麼不是人間呢？這裏的「不是人間」是說，他已經從人世間的依賴、糾纏、執着中跳出來了，說再見了。「心外無法，滿目青山。」滿目青山無一事。

寒山子是一位很喜歡寫詩的禪師，他經常借詩歌來描寫心靈獨立的境界。「人問寒山道」，他住在寒山，寒山道在哪裏？「寒山路不通」，到寒山的路很不好走。「夏天冰未釋」，夏天上面還結着冰。「日出霧朦朧」，太陽出來了，仍然霧濛濛的。「似我何由屆？」既然寒山那麼難到，我又為甚麼能到呢？「與君心不同」，原來道路、氣候不是關鍵，關鍵在心。「君心若似我，還得到其中」，寒山的路永遠是通的，不在於夏天的冰，也不在於冬天的霧，你的心如果和我的心一樣，就能到寒山。

藥山惟儼禪師有一位在家弟子，名叫李翺，曾經做到戶部尚書，是宋明理學在唐朝的先鋒，寫了一些哲學方面的文章。古代跟現代不一樣，如果李翺是現代人，他有甚麼思想寫出來一發表，大家都能查出來他的思想是從寺院來的，是從師父那兒學的。但是古代沒有報紙，沒有電腦，他天天去親近禪師，然後寫出一本《復性書》。他沒講這是跟禪師學的。所以人們就認為，哎呀！李翺的哲學不得了！其實他是跟出家人學的。他經常去親近藥山惟儼禪師。有一天，藥山惟儼禪師在山上散步，忽然見到風吹雲開，月亮出來了，大嘯一聲。這一嘯不要緊，結果在澧陽那個地方，方圓九十里地的居民都聽到了。第二天大家「迭相推問」，追問到最後，才知道原來是老禪師在山頂大嘯。因此李翺就作了一首詩，描寫藥山惟儼的生活：「選得幽居愜野情」，他在一個人跡不到的地方住。「終年無送亦無迎」，一年到頭，不送不迎，這是講對待客人心不攀緣，不追求，也不等待，心是自在獨立的。「有時直上孤峰頂，月下披雲嘯一聲。」各位看看，這種境界多麼美！

禪師的心路，只有和禪師有一樣修證境界的人才知道，只有開悟的人才知道，沒有開悟的人不知道。按古代禪師所講，不僅人不知道，就是鬼神也不知道。古人講，我們起心動念，鬼神是知道的，「舉頭三尺有神明」嘛。但是開悟的禪師，他的心路鬼神是覺察不到的。

金碧峰禪師早期修行不太用功，有一天打坐的時候，突然來了一個鬼，拿着一根鐵索要套他的脖子，他說：哎！怎麼回事？我修行了一輩子，還得跟你走啊？鬼說：閻王讓我帶你走，已經下了請柬。金碧峰禪師知道自己修行還沒有到家，所以閻王找到他了。他就跟鬼商量說：這樣吧，你晚點再來，一個禮拜以後再來。鬼走了以後，金碧峰禪師便加緊用功修行，最後開悟了。開悟的人的心在哪裏，我們找不到，鬼神也找不到，所以七天以後，那個鬼再來找他，找不到了，天上地下都找不到他的影子。

南泉普願禪師是一座寺院的方丈，有一天，他到田莊去視察工作，當他走到半路的時候，莊主已經出來迎接他了。他是突然去的，事先沒有通知，也沒有警車開道，他說：哎！你怎麼知道我要來呢？莊主說：昨天晚上做了一個夢，土地神說，明天南泉普願禪師要來。南泉禪師說：哎呀，壞啦！我修行不好啊！我動了念頭第二天要去哪裏，土地神都知道了。

這是講心靈上的孤峰獨宿。下面我們要講一下孤峰獨宿的行藏、行止，也就是表現在外的行為。這種境界更不是普通人所能把握、所能評斷的。悟者的所作所為，已經從輿論、意識形態、價值判斷裏跳出來了，所以，他的發心和行事，有自己的判斷。他心裏存有宇宙的準則、法界的準則，他是按照心裏的準則去做，永遠是正確的，但是，如果我們從社會輿論的角度來判斷他，絕對會出錯、出偏，所以古人講，證道者是「逆行順行人莫測」，逆行就是違背常理判斷的行為。

濟公本來是個出家人。社會上的人喝酒吃肉沒關係，但是從出家人的戒律來說，他的表現就是逆行。他既喝酒，又吃肉，哪兒都去，甚麼人都交往。如果我們從這些外在表現去評判他，就會認為他是壞和尚。佛教作為一個宗教組織，它既存在於社會中，必定會有一套外在的要求和規範。這些規範與要求，必須是與社會相容的，比如佛教的慈悲和智慧，跟世間的文明就是完全相容的。但是禪師的心境，在他得到大自由以後，他所表現於外的言行，以外人眼光來看，往往不太容易把握。禪師的心境是獨立的，我們不應該用世俗的標準來簡單地評判他的是和非。

明朝有一位道衍法師，俗名姚廣孝，江蘇人。明朝開國皇帝是朱元璋，朱元璋下面是建文帝。建文帝是朱元璋的孫子，朱元璋沒有把帝位傳給兒子，而是傳給了孫子。朱元璋的兒子燕王朱棣就不太高興，想篡奪帝位。燕王與道衍法師關係很好，很談得來，這個法師很怪，平時不太説話，三角眼，瘦瘦的，曾經有一位相師説他是「餓虎」，意思是説他其貌不揚，但是很有內在的力量。他後來做了朱棣的幕僚。建文帝登基後，朱棣在燕京打出「靖王」的旗號，説建文帝身邊有小人，帶着軍隊從燕京打到南京，目的就是要篡奪帝位。參與整個謀劃的核心人物就是道衍法師。朱棣得到天下之後，就做了明成祖。明成祖對道衍法師非常尊敬，封他非常尊貴的官，賜給他房宅、美女。但是他很奇怪，他上朝的時候穿官服，回家後穿僧袍，對於賜給他的一切，瞟也不瞟。他回家探親的時候，家裏人都罵他，嫂子見他的面，罵他大逆不道。明成祖剛剛奪得帝位的時候，老百姓都不能接受，因為是篡權的，所以家裏人都這樣對他。明成祖篡奪帝位，我們暫且不去評價，但是如果深入地了解道衍禪師這個人，包括了解有關他的文獻，再觀察他一生的行藏，我們是很難輕易給他下結論的。他的心在哪裏，我們不知道；他為甚麼要那麼做，我們也不知道。

還有一個人物——雍正。現在經常放關於雍正的電視劇。這個雍正皇帝，依我看，現在的人完全把他看錯了。雍正是一位佛教徒，做皇帝以前他在雍和宮住，雍和宮是他的家宅，當時是叫做雍親王府。做皇帝以前，他就喜歡修行，喜歡坐禪。他還經常請一些禪師在雍親王府裏打禪七，後來他開悟了，自稱「圓明居士」。他曾經對古代禪師的語錄作了一番挑選，編了一本《御選語錄》。清初的禪宗，存在着各種不同的見解，他曾經參與其中，評判是非。如果有哪兩派的見解不一樣，他就根據自己的判斷下詔書，說這一派對、那一派錯，很獨裁。但是他也說，見解不一樣也沒有關係，你不同意可以到北京來跟我辯論，辯論贏了，我聽你的；辯論輸了，你得改宗。

他就是這麼一個人。所以他首先是一位佛門居士，然後才是一位皇帝。有很多小道消息，說他篡奪帝位等等，你們肯定都知道，後來又說他是暴君，好色、貪財。其實他是明君，不過他的手段很強硬。每一個朝代在開國之初，打下江山之後，很多人往往被勝利沖昏了頭腦，放鬆了對自己的要求。雍正為了整頓清初的吏治，特別是對皇室的腐敗分子，懲治起來決不手軟，經常將這些人發配到新疆、東北等地充邊，得罪了很多人。這些人一路走一路造謠，很多傳聞就是這麼出來的。現在清朝的檔案保存得比較完整，雍正時代經過他手批的文書現在都在。經歷史學家統計。雍正在位十三年，沒有一天休息過，每天必須工作十幾個小時，只有這樣才可能批完這麼多文件。他是個勤政的皇帝。如果我們對他佛教方面的修養不了解，就很容易看錯，因為你不知道他為甚麼要那樣做。宇宙萬法的原則已經在他的心裏了，他那麼做自有他的道理，我們凡夫的評價卻很容易誤解。

孤峰獨宿，意味着禪師的心深不可測。深不可測不是說他很神秘，而是說他無所住。他已經從普通的世間輿論、甚至從世間認為的善法裏跳出來了。《華嚴經》中講到，善財童子拜訪過很多有修行的人，有出家人，有居士，有暴君。暴君說：我這個暴，有它佛法上的意義。他還拜訪妓女，這位做妓女的大菩薩也講了很多她怎麼修行的事兒。所以說禪師的境界，在心境上獨立無住，在行止上超出凡情。

立處皆真

第二，立處皆真。這是講禪師的心已經從好惡的情緒裏解脫出來了。普通人生活在愛憎取捨之中，心不能安住在當下。「立處皆真」這句話來自於《臨濟禪師語錄》。臨濟禪師說：「隨處作主，立處皆真。」到哪裏都是主動的。作主不是說主宰一切，而是說他在面對人生的一切逆順境界時，都是自在、自由的。「立處皆真」，凡所立之處，都跟真理不相違背，言行舉止都符合真理。「途中即家舍」，途中就是家。家，作為要達到的目標，不是在遙遠的他方和未來，當處就是，當下就是。任何時候都能體現出生命的最終價值，禪師有這樣的心態，所以他能夠安住當下，一切都好，一切都肯接受。

虛雲老和尚是開悟的大禪師，對中國近代佛教影響巨大，我的師父淨慧老和尚曾經做過他的侍者。有人問我師父：你跟虛雲老和尚這麼多年，他給你印象最深的是甚麼？師父的回答給我的感觸很深。我以為他會說某一天發生了某件事，他沒有。師父說，虛雲老和尚給他印象最深的是，他在任何境遇下，都不抱怨，都很自在，一切都是好。在雲門事變中，虛雲老和尚被別人圍攻毒打，他沒有任何怨言；在他一百多歲的時候，還去修廟，很投入，很自在，他永遠住在那種平和的心態裏面，沒有說這個好那個不好、這個要那個不要，沒有說現在自己很糟糕，他沒有抱怨。

禪者的心具有三個特點，我曾經把它概括成「禪心三無」。哪三無呢？

第一是無憂。禪者從來不會為未來擔憂，不會為自己的前途命運、得失利害而擔憂，也不會為自己死後怎樣而焦慮。他是徹底的無憂。不是生活裏有吃、有穿、有住以後的無憂無慮，而是對於生死大事的無憂。

第二是無悔。禪者從來不會為自己過去的言行而後悔，不會因為自己過去的事做錯了，心裏就背包袱。已經過去的事，在他的心中沒有任何積壓。這不是說他忘記了，而是說過去的就讓它過去，他的心就像竹籃打水，永遠是空的。我們普通人則不然。我們的心往往裝了很多東西，過去的東西全都裝在裏面，越裝越多，活得很累。我們過去做了錯事，很後悔，可是又不能從頭開始，所以徒然後悔，給自己造成了很大壓力。很多人說，如果再過一次就好了，一切從頭開始。可這是不可能的，過去只有一次，不能重新再來。

第三是無怨，沒有抱怨。禪者對於現在的處境，總是正面地接受，不逃避。他是以正面態度對待落到身上的一切，無怨，總是欣賞，總是感恩。

可見，立處皆真就是安住當下，不糾纏過去，不希冀未來，也不在現在的抱怨中。心在哪裏呢？心永遠是現在進行時。在生命的每一個當下正在發生的，我們要全力以赴、全體承擔，安住在當下。跟過去，斬斷；跟未來，斬斷；跟現在的牽連，斬斷。從這裏解脫，就叫安住。

做牛做馬

第三，做牛做馬。做牛做馬是指奉獻。禪者從自私裏解脫出來，他的一切作為都是奉獻。大慧宗杲禪師有一首詩：「桶底脱時大地闊，命根斷處碧潭清。好將一點紅爐雪，散作人間照夜燈。」前面兩句是講開悟的過程，「桶底脱時大地闊」，比喻心開，光明透亮。「命根斷處」是指意識之流斷了，過去一向以來對待事物的方法、態度全然被轉過來了。開悟不是得到某一個觀點，而是對待世界人生、包括對待自己的整個態度，全都轉過來了，來了一個大翻身。這個時候應該做甚麼呢？「好將一點紅爐雪」，我們的煩惱好比是雪，它在智慧的紅爐裏馬上就會化掉，轉變成為奉獻，「散作人間照夜燈」，認識了煩惱即菩提以後，再回到人間去照亮黑暗、照亮他人。

中峰明本禪師講，開悟以後的祖師，有各種各樣的行為舉止、各種各樣的生活道路，這一切的背後都有他的道理和用心。有的到深山老林裏隱居；有的到人間，像道衍禪師，參與世間的事；也有還俗的：元朝有位宰相叫劉秉忠，他年輕的時候就是一位禪師，後來他做了忽必烈的近侍，最後做了宰相。蒙古人剛剛到內地來的時候，對中原文化不了解，做了很多蠢事，比如說，把種糧食的田地改成種草、作牧場等等。當時就有很多高人給元朝皇帝提建議，要他擇用漢地的讀書人為官，管理地方行政，種糧的地不能種草。這些意見就是由劉秉忠轉呈給皇帝的。劉秉忠對於保護中原文化、引導蒙古人適應內地文化，起的作用特別大。他以前就是個出家人。有一位禪師開悟以後，到河邊擺渡，誰也不知道他是甚麼人。要是現在，那就不得了，如果我說我是大禪師，馬上身價百倍。那個時候他去擺渡，如果是現在，也許會去做計程車司機，少收錢，或者不要錢，做好人好事。有的禪師開悟以後，在十字路口搭個茅棚，每天在那裏煮水，給大家施茶。因為過去交通不發達，人們用腳力趕路，往往會感到很渴。還有的禪師開悟以後，專門修路。虛雲老和尚就碰到過這麼一位修行人。有一條路特別長，路況很糟糕，但是沒有人修。這位禪師一個人去修，今天搬一塊石頭，明天弄一筐土，最後把這條路給修起來了。

禪者開悟後的生活，雖説是回到了人間，但是心態跟開悟前大不一樣，因為這個時候，他完全是隨眾生的需要，做幫助眾生的工作，沒有甚麼佛不佛的觀念，更沒有自我意識。眾生要吃飯，如果我跟他講佛法，他能飽嗎？他要吃飯，我們就只能給他飯吃。如果他有病，跟他講佛經，病能好嗎？就得給他醫藥。眾生貧苦的時候需要致富，如果我們在那裏打坐，能把錢弄來嗎？不行。所有眾生的正當需求，我們都要幫助他們，在幫助他們的過程中再引導他們向道。等他吃飽了、病好了，突然想起來，哎喲，我心裏還有一個問題，還有一個生死大事沒有解決，我生前從哪兒來？死後到哪兒去？那個時候，我們就可以跟他講，過來過來，我給你講信仰、講佛法，教你打坐。但是在這之前，需要做很多利益眾生、隨順眾生的工作。

古代禪師常常用《十牛圖》來描述修行的歷程，最後一幅圖叫「人廛垂手」，廛就是街市上的舖面。開悟的人，最後到街上去，到店舖裏，到酒吧、甚至妓院裏去，到卡拉OK廳，也去唱歌、跳舞，通過這些方便，讓很多人改邪歸正。垂手是把手伸出來拉人的意思，走到街上的店舖裏去拉人。修行到最後，就是走入人間。這種境界只有開悟的人才做得到。如果沒有開悟，就不要去；你自己如果沒有得到自主、自在，就跑到卡拉OK裏去唱去跳，唱着唱着，自己就會迷到裏面去了，沒有幫助人，反而被別人拉進去了。要跳到水裏救人，必須自己先學會游泳。

溈山禪師去世以前，廟裏的首座和尚問他，你死後要到哪裏去？溈山禪師說，我要到山下的施主家做一頭水牯牛。不一定他真的就去做一頭牛，他的意思是指，他要去為眾生當牛作馬，眾生需要他做甚麼他就做甚麼。那個時候，他的心完全自在了，完全被調伏了，所以他可以自由自在地、真正地、全心全意為人民服務。

禪者的精神風貌、人生態度和心地境界，就體現在三個方面。他的悟處高遠，解脫獨立，孤峰獨宿；他的生活態度，是安住當下、立處皆真；他的價值取向，是無我奉獻、當牛作馬。

二〇〇三年十一月二十二日

於北方交通大學人文社會科學院對企業家的演講（四）

無門關

禪宗的參禪方法——無門關，淵源於我現在所住的河北趙縣柏林禪寺。

唐朝末年，有一位大禪師在我們寺院住，通常人們稱他趙州禪師。趙州禪師法號從諗，山東人，很小就出家，很年輕的時候就開悟了。他八十歲以前，到處參訪善知識，尋師訪道，八十歲以後才在柏林寺住，一百二十歲去世。他的禪法對中國禪宗，乃至對傳到日本、韓國、歐美的禪，都有深遠的影響。無門關這種參禪方法，到現在仍然有強大的生命力，在歐美、日本、韓國，學禪的人都從無門關入手。

「無」上用功

無門關來自於一個公案。有一位修行人問趙州禪師：狗子有沒有佛性？佛經裏講一切眾生都有佛性，這個人當然是明知故問。修禪的人問問題，都不是隨便問的。趙州禪師的回答是：無！這個回答與佛教的常識是完全相反的。所以趙州禪師說的

「無」，並不是有無的無，他的心已經超越了對待——有無、是非、來去、一多、美醜、生死，超越所有的對立之後，就是絕對的禪心，就是佛性。所以趙州禪師說的這個「無」字，等於是把他自己的心掏出來了，和盤托出。

後來的禪者，就在趙州禪師的「無」字上用功。他們想：一切眾生都有佛性，趙州禪師為甚麼說「無」呢？為甚麼？當我們把所有的妄念、所有佛經裏關於佛性的理論知識全部拋開，將所有的力量專注在這個「無」字上的時候，人的心就會死掉。大死一番，然後才能大活。最早提倡無門關的，是宋朝的大慧宗杲禪師，之後又有一位無門慧開禪師，他寫了一本書就叫《無門關》[1]。這本書的第一則語錄就是講的這個公案，並由此形成參無門關的修行方法。

大家看——趙州和尚因僧問：「狗子還有佛性也無？」州云：「無。」然後，無門慧開禪師就發表他對這個公案的看法說：「參禪須透祖師關，妙悟要窮心路絕。」這個透，不是在大腦中理解，而是要在心裏透過祖師關。甚麼是祖師關？就是祖師在

1 《無門關》，全一卷。宋代無門慧開禪師撰，彌衍宗紹編。全稱《禪宗無門關》。

種種公案語錄裏面，和盤托出的禪心，在一問一答之間吐露的心地光明。我們能透過祖師關，就意味着我們和禪師的心地光明接上了。祖師的言語問答，往往和佛經裏的說法不一樣。甚麼是佛啊？磚頭。甚麼是達摩祖師的禪法？庭前柏樹。這樣回答還算是比較平實的，還有其他更奇特的回答。你問他甚麼是佛？吼你一聲，或者當頭一棒，就是他的回答。參禪，必須要能夠從祖師的問答言語中透過去才行。

「妙悟要窮心路絕」，真正的妙悟，必須要把意識之流，把我們有生以來、乃至生生世世走慣了的心路，在這裏斷掉，就像飛機起飛一樣。我們騎自行車永遠飛不起來，坐在火車上飛不起來。我們要飛起來，必須要放棄這些方法。我們用心路去推測、判斷、思維、歸納、總結，我們不可能真的增加甚麼。現在人類的知識大爆炸，並沒有給人的心靈上增加甚麼。相反，在心路絕的地方，我們才會有新的發現。

無門慧開還說：「祖關不透，心路不絕，盡是依草附木精靈。」所謂依草附木的意思是說，你的心不是獨立的，你總是依賴於種種的意識形態、觀念、概念、思維、結論。「且道如何是祖師關？」祖師關是甚麼呢？無門禪師說，趙州禪師回答的「無」字，就是我們要過的祖師關，它是一個「無門關」。如果你的心能夠透過這個無門關，就可以和趙州禪師的心接上。趙州禪師超越了有無、是非、來去、時空、一多、你我、美醜所有的二邊對立，如果你也能開發出這個絕待之心，那你就親見趙州，也就親自見到了佛。佛在哪裏？我們不能僅僅根據佛的形象來找佛，要見佛，就要見佛的心。親見佛心，就與佛平等——「便可與歷代祖師把手共行，眉毛厮結」，透過了無門關，歷代祖師都跟你是朋友，是一家人、親兄弟，所聞所見都是一個樣；眉毛厮結，頭與頭碰在一起。「同一眼見，同一耳聞，豈不慶快！」

參「無」的方法

怎樣才能透過無門關呢？參「無」的方法，是要「將三百六十骨節，八萬四千毫竅，通身起個疑團，參個無字，晝夜提撕」，以整個的身心全力以赴，一天到晚在心裏參這個「無」。佛經上講一切眾生都有佛性，趙州和尚為甚麼說無呢？「莫作虛無會」，你不要把「無」當成是沒有，甚麼都沒有就是「無」，錯啦；「莫作有無會」，不要落在兩邊。「如吞了個熱鐵丸相似」，他打比喻，在參「無」的時候，有個熱鐵丸吞到肚子裏面，吐又吐不出來，進不得，退不得，山窮水盡，絞盡腦汁，所有的路都試過了，都不靈驗，找不到答案，非常苦悶。在這個時候，我們後天熏習的各種見解、惡知惡覺。就會被這一個「無」打發掉，歇下來。

「久久純熟，自然內外打成一片，如啞子得夢，只許自知。」啞巴做了一個夢，說不出來。「驀然打發」，忽然有個外緣，像香嚴智閑禪師，有瓦片打到竹子上面，發出清脆的聲音，通過這樣的外緣，疑團破了。「驚天動地，如奪得關將軍大刀入手，逢佛殺佛，逢祖殺祖。」這個殺不是殺生的殺，這個殺是說，噢，明白了佛祖的心，明白了佛祖講的話，再也不會像以前那樣障礙自己，不再執着了。「於生死岸頭，得大自在；向六道四生中，遊戲三昧。」佛教講生命有很多層次，有解脫自在的聖人，也有在六道中輪迴的凡夫。開悟的人，他同樣生活在凡夫的境界裏面。那麼他在這裏做甚麼呢？玩。這個玩不是我們理解的貪玩的玩，而是說，他在做種種事業幫助眾生的時候，不會覺得累，不會覺得有甚麼，做了很多，好像沒做，鬧着玩，所以叫遊戲三昧。好的時候玩，壞的時候也玩，活着的時候玩，死的時候同樣是玩。

遊戲三昧

禪師在死的時候玩，有很多精彩的故事。死的時候怎麼玩呢？臨濟禪師住河北正定的時候，寺院裏有一位普化禪師，這個人成天瘋瘋癲癲的，在街上來來往往，也不知道他在幹甚麼。有一天他突然跟別人講：哎！給我做一條大褂。有人就做了大褂送給他。他說不對，不是這個大褂。臨濟禪師是一個得道高僧，他知道是怎麼回事，就跟寺院管事的說：那個普化要死了，給他做口棺材。棺材做好了，普化就扛着棺材天天在街上跑，說現在我要死了，快來看，看我怎麼死。他先跑到正定縣城的東門，大家聽說高僧要坐化了，都過來圍觀。他說哎呀，今天時間不對，明天再說。第二天他跑到南門，又找了一個藉口，說明天再說吧。第三天跑到西門，還是有很多人跟着，他又找藉口說不行。最後大家說這肯定是開玩笑了，他是在騙我們。到了第四天，他到北門就沒有人跟着了，因為他這個「狼來了」說了好幾遍，人家知道他撒謊。到第四天沒有人跟着的時候，他自己跳到棺材裏，拿着釘子錘子，然後交給過路的人，讓過路的人把棺材釘上。過路的人也奇怪，竟然按他的吩咐，把棺材釘上了。釘上以後，趕緊回到臨濟寺報告：方丈啊，你們這兒的普化禪師在棺材裏坐化了。大家呼啦一下子全過來了，最後把棺材撬開，裏面甚麼都沒有，但是聽到天空中隱隱約約有吹簫的聲音漸漸遠去。這就是玩死。

有一位禪師叫鄧隱峰，去世前問身邊的弟子：過去的高僧都怎麼死呢？弟子回答說：有的坐着死，有的躺着死，還有的站着死。他說你們有沒有見到過倒立着死的？沒有。他說看我的，倒立而化。倒立去世以後衣服還是順着身體貼着，不垂下來。別人推他也推不動。後來他的妹妹，也是出家人，過來說：哎呀老兄，你活着的時候很調皮，死的時候也要跟我們開玩笑。推了一下，倒下了。現在五台山北台還有個白塔，那就是鄧隱峰的舍利塔，這個故事就是在那裏發生的。這叫遊戲三昧。當然不僅僅說死的時候玩，活着的時候也玩，幫助眾生，做很多利益眾生的事。

截斷妄想之流

下面說：「且作麼生提撕？」提撕，就是在心裏不斷地舉起這個「無」字。「盡平生氣力，舉個無字，毫不間斷。好似法燭，一點便着。」在生活中，我們在「無」上起疑情，念念不間斷，行住坐臥，白天黑夜，全力以赴——打一個比喻，一個萬丈懸崖，你吊在一棵樹上，你敢鬆手嗎？鬆手就摔死。所以把生命所有的一切，都專注在「無」上，吊在「無」這個字上，其他的全放下，只有這個地方不放下，那麼就有機會。這個機會是可遇不可求的。當然，在那種心態下也不會動念去求，自然一定會有一個外在的因緣，聽到一個聲音，看到一個甚麼——噢！明白啦！明白了趙州，看到了他的心；明白了「無」，也明白了所有的佛祖。就是這麼一個方法。

這個方法，可以盤腿靜坐參，可以走路參，也可以躺着參，都可以。它在宋朝以後非常流行，很多修禪的人就是參「無」字開悟的。這個「無」不是沒有。這個「無」我們用語言、思量沒辦法透過。怎麼辦呢？只有用心直接去透、去跟它搏鬥。

大慧宗杲禪師關於怎麼參「無」，有很多開示。他說：在參「無」的時候，「不得作有無會，不得作道理會」，不能在心裏去找一個道理，這些我們都太習慣了，一向以來都在這裏面，我們還是我們，沒有變化。現在我們要脫胎換骨，要換一個人，換一個心，所以平時習慣的有無、道理，都不要。「不得向意根下思量卜度」，意根就是意識，不要去尋找某種特殊的感覺。「不得向揚眉瞬目處挅根」，揚眉，揚起眉毛；瞬目，轉動眼珠。有的祖師在接引學人的時候，有時候會舉一個手指，或者豎起拂子，來表示禪的境界。你也不要在這些行為動作中找答案。「不得向語路上作活計，不得颺在無事甲裏……」你也不能坐在那裏空空無無，甚麼都沒有。「但向十二時中、四威儀內」，在一天十二個時辰、行住坐臥四威儀當中，「時時提撕，時時舉覺：狗子還有佛性也無？州云無。不離日用。試如此做工夫看。」這樣做功夫看看。這是大慧禪師給他的一位在家弟子的信裏開示的，適合在家人修。「月十日，便自見得也。」一個月的工夫，你就會有體會。

這個方法，實際上是要借這個「無」字，截斷我們的妄想之流。你平時習慣的路已經被堵塞掉了，沒路可走了；所以要把平時習慣的思考、引證、觀點、見解、積累的知識全部放下。這一點現代的人特別難以理解。我曾經接待過一位德國的天主教神父，他現在也學禪，他教人家參禪，就教人們參「無」。他在柏林寺跟我們交流的時候，我說你們在歐洲傳禪有甚麼體會？他說現在的人們很難理解、很難接受。對於所習慣的思維、念頭之外還有甚麼，他很難理解。那樣人不就死了嗎？不就無路可走了嗎？前面所講的大死一番，就是指的這個。在這個時候，我們用甚麼東西透過「無」呢？用心。沒有任何別的工具了。祖師講，平時所知道的道理、佛經上的話、老師教的訣竅，全部放下，直接用心去碰、去接觸。所以那是一場肉搏戰，可能你會覺得很苦悶，很枯燥，找不到路。欸！正好，這才是對的，一定要堅持。就在這個時候堅持一步，就會有突破。即使沒有突破，心地上也會有開發、有進展。

入禪之門

在這裏我想說明一點，我們現在學禪，不要念念把開悟當一回事，這樣的念頭會成為開悟的障礙。只要你去做，就會有收穫，開悟不開悟，讓它自己去。只要你做，就會有進步，你的心地會越來越亮。我個人覺得，無門關的方法，是我們入禪的方便之門，是我們進入禪的堂奧的入手處。我也覺得，無門關不僅僅是入禪的方便之門，也是一切正常健康的人類宗教獲得神秘體驗的入門處，是真正獲得宗教體驗的下手處。為甚麼？一切真正的宗教體驗，都是超越對待的。只有在我們平時的心路歇下來的地方，真正的宗教體驗才會產生。

丹麥有一位基督教哲學家，叫克爾愷郭爾（Søren Kierkegaard）。他有一本書叫《恐懼與顫慄》，其中講到《聖經》的一段，上帝對摩西說，把你的兒子帶到山上，殺掉他。我不是研究基督教的，但我覺得這些話是有宗教寓意的。《聖經》裏說，摩西第二天起來，帶着兒子到了山上，準備殺掉。當然在那裏他見到了上帝。我們聽起來真是駭人聽聞、不能接受。把兒子殺掉，這完全是滅絕人性的。克爾愷郭爾是絕對講信的，分析的時候他說，在那時候摩西心裏甚麼都沒想。我覺得雖然是基督教，但是它在這個地方，也是透出了平時的心路，進入到體驗裏面。實際上他不會殺，最後他也沒有殺，只是虛驚一場。它所包含的宗教寓意，是在我們平時所執着的心路，那些對立分別、那些我們抓住不放的地方，一定要在這個地方往前跳一步。用禪宗的話來講，就是「懸崖撒手」，在懸崖邊上往前跨一步。我們說往前我會摔死啊！跳過去，死不了。跳過去就是一個新生命的誕生。超越有無、是非、美醜，超越一切意識形態，讓我們的心從意識形態、思想情緒、知識見解裏解脫出來，這是我們進入真正的宗教體驗的入門之處。如果不經過這裏，我們得到的永遠都只是知識——關於宗教的知識，關於修行的知識，心裏沒有體驗。這是我向大家介紹的禪法「無門關」。你們如果有機會到柏林寺去，可以在我們的禪堂裏體會體會。

二〇〇三年十一月二十二日

於北方交通大學人文社會科學院對企業家的演講（五）

問題一

怎麼去體會？

回答一

就是要用這個「無」，把我們心裏的各種見解、各種知識、各種情緒剿滅掉，最後從自心、從內在，自己明白。

問題二

明白甚麼呢？

回答二

明白你自己。如人飲水，冷暖自知。明白的人，心是空的，本來無一物。但是你不要點頭，你一點頭就錯了，一點頭等於你接受了這個結論，就把你障礙了。

問題三

自己明白之後能不能講給別人聽，讓別人也明白？

回答三

可以。但是你無法代替他，他得自己去明白。

問題四

明白就是知道？

回答四

知道不等於明白。知道有時是在知性上知道一個結論。我建議大家每年或者每個禮拜，一定要有一段時間，把工作放下，集中時間來打坐，在心靈上做一個開發。可以在寺院，也可以在自己單獨安排的地方，比較封閉的地方。這對工作也是有幫助的。據我所知，很多成功的企業家，他們經常這樣做。完全放下，專門在心地上靜下來、沉澱下來，再出來制定發展戰略。這是很有幫助的。如果我們每年有一段時間，用無門關的方法用功，相信會有發現和突破。

天地
www.cosmosbooks.com.hk

書　名　禪心三無
作　者　釋明海
責任編輯　王穎嫻
美術編輯　郭志民
協　力　生活禪基金會（香港）有限公司
出　版　天地圖書有限公司
香港皇后大道東109-115號
智群商業中心15字樓（總寫字樓）
電話：2528 3671　傳真：2865 2609
香港灣仔莊士敦道30號地庫／1樓（門市部）
電話：2865 0708　傳真：2861 1541
印　刷　亨泰印刷有限公司
柴灣利眾街27號德景工業大廈10字樓
電話：2896 3687　傳真：2558 1902
發　行　香港聯合書刊物流有限公司
香港新界大埔汀麗路36號中華商務印刷大廈3字樓
電話：2150 2100　傳真：2407 3062
出版日期　2018年7月／初版

ISBN ：978-988-8547-09-8

本書作者版稅收益將全數撥捐予文教慈善用途。